स्वसहायता

शिवांग कुमार गगै

यह पुस्तक मेरे उन सभी दोस्तों को समर्पित है जो अकेलेपन से लड़
रहे हैं।

क्रम-सूची

प्रस्तावना

हमें लगता है कि किसी और की मदद के बिना जीवन में आगे नहीं बढ़ सकते हैं लेकिन यह पूरी तरह से सच नहीं है। दूसरों की मदद के बिना हमारे जीवन की यात्रा कभी नहीं रुकते। हो सकता है कि कुछ कठिनाई हो लेकिन जीवन में किसी की मदद लिए बिना आगे बढ़ना असंभव नहीं है। हम हमेशा दूसरों की मदद की उम्मीद करते हैं लेकिन हम भूल जाते हैं कि यह हमारा अपना जीवन है। हमे अपने जीवन का सहायक स्वयं बनना होगा। हम कभी भी यह महसूस नहीं करते हैं या करने की कोशिश नहीं करते हैं। लेकिन हमे यह याद रखना चाहिये कि जो आदमी हमारे सबसे अच्छे से मदद कर सकता है वह हम खुद है क्योंकि हम उन सभी चीजों के बारे में सबसे अच्छी तरह से जानते हैं जो हमारे जीवन में हो रही हैं। हम कभी भी खुद की मदद करने के लिए आगे नहीं बढ़ते हैं क्योंकि हम अपनी क्षमताओं के बारे में नहीं जानते हैं। क्या आप जानते है ऐसे कौन से गुण हमारे अंदर समाए हुए हैं या किन गुणों के द्वारा हम अपने आप को मदद करने में महारत हासिल कर सकते हैं? ऐसे कई गुण और ज्ञान हैं जिसके द्वारा हम जीवन में किसी की मदद के बिना महारत हासिल कर सकते हैं और आगे बढ़ सकते हैं।

यह पुस्तक आपको ऐसे कुछ गुण और ज्ञान के बारे में बताने के लिए लिखी गई है जो आपको एक आत्मनिर्भर और अच्छी तरह से सूचित व्यक्ति बनने में मदद करेंगे। आशा है कि आप इस पुस्तक के माध्यम से सभी ज्ञान प्राप्त कर सकेंगे और उन्हें अपने जीवन में उपयोग करेंगे। खुद की मदद करना और खुश रहना सीखें। धन्यवाद।

शिवांग कुमार गगै

जोरहाट, असम

1

आत्म विकास के माध्यम से शक्ति प्राप्त करें

जीवन के सभी दुखों से बचने के लिए खुश रहना हर इंसान का स्वाभाविक अधिकार है। खुशी परिदृश्य और मौसम के रूप में एक सामान्य स्थिति है। पीड़ित होना अस्वाभाविक है और यह केवल हमारी अज्ञानता के कारण है कि हम पीड़ित हैं। खुशी ज्ञान की उपज है। पूर्ण ज्ञान प्राप्त करने के लिए, जीवन के उद्देश्य को पूरी तरह से समझने के लिए, एक दूसरे के साथ मनुष्यों के संबंध को पूरी तरह से महसूस करने के लिए, सभी दुखों को समाप्त करना आवश्यक है ताकि हर बीमार और बुराई से बच सके जो हमें पीड़ित करता है। पूर्ण ज्ञान अनछुए खुशी है।

हम जीवन में पीड़ित क्यों हैं?

हम जीवन में पीड़ित हैं क्योंकि प्रकृति की योजना में हमें विकास में आगे बढ़ने के लिए मजबूर किया जा रहा है और हमारे पास आध्यात्मिक रोशनी की कमी है जो अकेले ही रास्ता रोशन कर सकती है और हमें

उन बाधाओं के बीच सुरक्षित रूप से आगे बढ़ने में सक्षम बना सकती हैं। आमतौर पर, हम मुसीबत की उपस्थिति को तब तक नहीं देखते या संदेह नहीं करते हैं जब तक कि यह अचानक एक छिपे हुए बाघ की तरह हम पर छलांग नहीं लगाता है। एक दिन हमारा परिवार बहुत खुश है। एक हफ्ते बाद मौत आ गई और चले गई और खुशी को पीड़ा के साथ बदल दिया गया। आज हमारे पास एक दोस्त है। कल वह एक दुश्मन होगा और हम नहीं जानते कि क्यों। थोड़ी देर पहले हमारे पास धन और सभी भौतिक विलासिताएं थीं। अचानक परिवर्तन हुआ और अब हमारे पास केवल गरीबी और दुख है और फिर भी हम व्यर्थ में एक कारण की तलाश करते हैं कि यह क्यों होना चाहिए। एक समय था जब हमारे पास स्वास्थ्य और ताकत थी, लेकिन वे दोनों चले गए हैं और किसी कारण का कोई निशान नहीं दिखता है। जीवन की इन बड़ी त्रासदियों के अलावा कम परिणाम की असंख्य चीजें लगातार हमारे लिए छोटे दुखों और मामूली दिल के दर्द को लाती हैं। हम सब ईमानदारी से उनसे बचने की इच्छा रखते हैं, लेकिन हम उन्हें तब तक नहीं देखते जब तक कि वे हमें हड़ताल नहीं करते, जब तक कि हमारे अज्ञानता के अंधेरे में हम उन पर गलती नहीं करते। जिस चीज की हम कमी करते हैं वह आध्यात्मिक रोशनी है जो हमें दूर-दूर तक देखने में सक्षम बनाती है, मानव पीड़ा के छिपे हुए कारणों को खोजती है और उस विधि को प्रकट करती है जिसके द्वारा उन्हें टाला जा सकता है। ऐसा लगता है जैसे हमें एक लंबे, अंधेरे कमरे से गुजरना चाहिए जो फर्नीचर से भरा हुआ है, और जो बिखरे हुए हैं। अंधेरे में, हमारी प्रगति धीमी और दर्दनाक होगी। लेकिन अगर हम एक बटन दबा सकते हैं जो बिजली की रोशनी को चालू कर देगा तो हम उसी यात्रा को जल्दी से और सही सुरक्षा और आराम के साथ कर सकते हैं।

शिक्षा की पुरानी विधि मन को कई तथ्यों, या कथित तथ्यों के साथ संग्रहीत करना था, जैसा कि संचित किया जा सकता था और व्यक्तित्व को एक निश्चित बाहरी पॉलिश देना था। सिद्धांत यह था कि जब एक आदमी का जन्म हुआ था, तो वह एक पूर्ण इंसान था और उसके लिए जो कुछ भी किया जा सकता था वह उसे उस जानकारी के साथ लोड

करना था जिसका उपयोग कम या ज्यादा कौशल के साथ किया जाएगा, मूल क्षमता के अनुसार वह पैदा हुआ था। थियोसोफिकल विचार यह है कि भौतिक आदमी, और वह सब जो भौतिक दुनिया में अपने जीवन का गठन करता है, वह स्वयं की एक बहुत ही आंशिक अभिव्यक्ति है; कि प्रत्येक के अहंकार में व्यावहारिक रूप से असीमित शक्ति और ज्ञान है; कि इन्हें भौतिक दुनिया में अभिव्यक्ति के माध्यम से लाया जा सकता है क्योंकि भौतिक शरीर और इसके अदृश्य समकक्ष, जो एक साथ अहंकार की अभिव्यक्ति के जटिल वाहन का गठन करते हैं, विकसित होते हैं और उद्देश्य के लिए अनुकूलित होते हैं; और यह कि सटीक अनुपात में कि इस तरह के आत्म-विकास के लिए सचेत प्रयास दिया जाता है, आध्यात्मिक रोशनी प्राप्त की जाएगी और ज्ञान प्राप्त किया जाएगा। इस प्रकार, प्रकाश जो खुशी की ओर जाता है, वह भीतर से प्रज्वलित होता है और विकासवादी यात्रा जो सभी कर रहे हैं, उसकी पीड़ा से लूटा जा सकता है।

मृत्यु दुख क्यों लाती है?

मुख्य रूप से क्योंकि यह हमें उन लोगों से अलग करता है जिन्हें हम प्यार करते हैं। एकमात्र अन्य कारण यह है कि मृत्यु दुःख या भय लाती है कि हम इसे समझ नहीं पाते हैं और मानव विकास में यह भूमिका निभाते हैं। लेकिन जिस क्षण हमारी अज्ञानता इस तरह के डर को समझने का रास्ता देती है, वह गायब हो जाती है और एक शांत खुशी अपनी जगह ले लेती है।

हमारे पास ऐसे दुश्मन क्यों हैं जिनके शब्दों या कृत्यों से हम पीड़ित हैं?

क्योंकि हमारी सीमित भौतिक चेतना में हम सभी जीवन की एकता को महसूस नहीं करते हैं और महसूस करते हैं कि हमारी गलत सोच और करने को अन्य लोगों के माध्यम से हम पर प्रतिक्रिया करनी चाहिए एक

ऐसी स्थिति जिसमें से बुराई सोचने के लिए बंद करने के अलावा कोई संभव पलायन नहीं है और फिर धैर्यपूर्वक उस समय का इंतजार कर रहे हैं जब हम पहले से ही उत्पन्न किए गए कारण पूरी तरह से थक गए हैं। जब आध्यात्मिक रोशनी आती है, और हम अब अज्ञानता की रात में ठोकर नहीं खाते हैं, तो अंतिम दुश्मन गायब हो जाएगा और हम हमेशा के लिए और अधिक नहीं करेंगे।

लोग गरीबी और बीमारी से पीड़ित क्यों हैं?

केवल अज्ञानता की भूल के कारण जो हमारे लिए उनके अस्तित्व को संभव बनाता है, और क्योंकि हम उनके अर्थ और उनके सबक को नहीं समझते हैं, और न ही उनके प्रति ग्रहण करने के दृष्टिकोण को जानते हैं। अगर हम यह समझने के लिए ज्ञान रखते हैं कि वे लोगों के पास क्यों आते हैं, तो वे अपने विकास में आवश्यक कारक क्यों हैं, वे अब हमें परेशान नहीं करेंगे। जब प्रकृति का सबक पूरी तरह से सीखा जाता है तो ये मूक शिक्षक गायब हो जाएंगे।

और इसलिए यह दुख के सभी रूपों के साथ है जो हम अनुभव करते हैं। वे एक बार में हमारे अज्ञानी भूलों और प्रशिक्षकों से प्रतिक्रियाएं हैं जो बेहतर तरीके से इंगित करती हैं। जब हम उन पाठों को समझ लेते हैं जो वे सिखाते हैं तो वे अब आवश्यक नहीं हैं और गायब हो जाते हैं। तथ्यों की बाहरी प्राप्ति से ही मनुष्य बुद्धिमान और महान नहीं बन जाते। यह आत्मा को भीतर से विकसित करके है जब तक कि यह मस्तिष्क को प्रकाश की उस बाढ़ के साथ प्रकाशित नहीं करता है जिसे जीनियस कहा जाता है।

2

दूसरों के साथ व्यवहार करना

व्यक्तियों के लिए चुंबकत्व के सभी अनुप्रयोगों में, आपसे यह याद रखने का आग्रह किया जाता है कि आपका पहला लक्ष्य, हमेशा और प्रमुख रूप से, उनके दिमाग के भीतर एक सहमत भावना है। आपको कभी भी किसी व्यक्ति को अपने तरीके से कार्य करने के लिए प्रेरित करने की कोशिश नहीं करनी चाहिए जब तक कि आप पूरी तरह से उसमें अपने प्रति एक अच्छी भावना स्थापित न कर लें। यह मुख्य प्रारंभिक कदम है। जब ऐसी स्थिति सुरक्षित हो जाती है, तो आप चुंबकीय हमले के लिए तैयार होते हैं और उसके बाद ही।

जब आप अन्य लोगों के साथ काम कर रहे हैं, तो चुंबकीय रूप से उन्हें अपनी इच्छा के लिए जीतने का प्रयास कर रहे हैं, तो आपको अपने भीतर सामान्य चुंबकीय भावना को बुलाना चाहिए, क्या वे अपनी इच्छानुसार करेंगे, और साथ ही साथ उन्हें पहले से ही सहमति और अभिनय के रूप में सोचें। आपकी आंतरिक स्थिति पूरी तरह से शांत, उत्साही और आशावादी होनी चाहिए, जो भी बाहरी साधन नियोजित हैं, आपके दिमाग को वांछित चीज पर केंद्रित किया जाना चाहिए, और इसकी उपलब्धि के बारे में सोचा जाना चाहिए जैसा कि अब सुरक्षित है।

व्यक्ति की प्रतिक्रिया में देरी हो सकती है, लेकिन यह आपको हतोत्साहित नहीं करना चाहिए, क्योंकि कुछ दिमाग सुझाव नहीं लेते हैं (आपकी अनकही इच्छा के उन लोगों को संदर्भित किया जाता है) जल्दी से, और वे अपने विचार पर तुरंत कार्य नहीं करते हैं। लोगों को यह विश्वास करने के लिए प्रेरित करना हमेशा सबसे अच्छा होता है कि वे अपने आवेग या निर्णय पर कार्य कर रहे हैं; उन्हें पूरी तरह से स्वतंत्र महसूस करने के लिए बनाया जाना चाहिए, बिल्कुल भी मजबूर नहीं किया जाना चाहिए, और यह कि वे आपकी इच्छा के बजाय अपनी इच्छा कर रहे हैं क्योंकि वे ऐसा करना चाहते हैं।

हम इन सभी सुझावों को एक प्रतिष्ठित वैज्ञानिक लेखक के शब्दों में संक्षेप में प्रस्तुत कर सकते हैं:

"जीवन एक धमकाने वाला नहीं है जो खुले ब्रह्मांड में बाहर निकलता है, सभी दिशाओं में ऊर्जा के नियमों को परेशान करता है, बल्कि एक पूर्ण रणनीतिकार है, जो अपने तारों पर अपने गुप्त कक्ष में बैठा है, एक महान सेना के आंदोलनों को निर्देशित करता है। यह चुंबकत्व का एक अच्छा विवरण है।

सफलता-चुंबकत्व धारणा: अब हम लागू जीवन में चुंबकत्व की महान धारणा-सिद्धांत के लिए तैयार हैं।

हर लक्ष्य के बारे में सोचें जैसा कि पहले से ही पहुंच गया है, हर उपक्रम के रूप में पहले से ही हासिल किया गया है।

3

अनन्य दोस्ती

मेरे परिचित के एक उत्कृष्ट सज्जन ने कहा था, "जब इक्यावन प्रतिशत मतदाता प्रतिस्पर्धा के विपरीत सहयोग में विश्वास करते हैं, तो आदर्श राष्ट्रमंडल एक सिद्धांत नहीं होगा और एक तथ्य बन जाएगा।

यह कि मनुष्य को सभी की भलाई के लिए मिलकर काम करना चाहिए, यह बहुत सुंदर है, और मेरा मानना है कि वह दिन आएगा जब ये चीजें होंगी, लेकिन समाजवाद के लिए मतदान करने वाले इक्यावन प्रतिशत मतदाताओं की सरल प्रक्रिया इसे नहीं लाएगी।

मतदान का मामला केवल एक भावना की अभिव्यक्ति है, और मतपत्रों की गिनती के बाद काम किया जाना बाकी है। एक आदमी सही वोट दे सकता है और शेष वर्ष में मूर्ख की तरह कार्य कर सकता है।

समाजवादी जो कड़वाहट, लड़ाई, गुट और ईर्ष्या से भरा हुआ है, एक विपक्ष पैदा कर रहा है जो उसे और उसके जैसे सभी अन्य लोगों को जांच में रखेगा। और यह विरोध अच्छी तरह से है, क्योंकि यहां तक कि एक बहुत ही अपूर्ण समाज भी विघटन और एक बदतर स्थिति के खिलाफ खुद को बचाने के लिए मजबूर है। एकाधिकार को लेने और समाज की भलाई के लिए उन्हें संचालित करने के लिए पर्याप्त नहीं है, और वांछनीय भी नहीं है, जब तक कि प्रतिद्वंदिवता का विचार व्याप्त है।

जब तक स्वयं पुरुषों के दिमाग में सबसे ऊपर है, तब तक वे अन्य पुरुषों से डरेंगे और नफरत करेंगे, और समाजवाद के तहत, जगह और शक्ति के लिए ठीक वही हाथापाई होगी जो हम अब राजनीति में देखते हैं।

समाज को तब तक पुनर्निर्मित नहीं किया जा सकता है जब तक कि उसके सदस्यों का पुनर्निर्माण नहीं किया जाता है। मनुष्य को फिर से जन्म लेना चाहिए। जब इक्यावन प्रतिशत मतदाता अपनी भावना पर राज करते हैं और अपनी वर्तमान ईर्ष्या, ईर्ष्या, कड़वाहट, घृणा, भय और मूर्खतापूर्ण गर्व का इक्यावन प्रतिशत अपने दिल से बाहर कर चुके हैं, तो समाजवाद हाथ में होगा, और तब तक नहीं।

विषय एक पैराग्राफ में निपटाने के लिए पूरी तरह से बहुत बड़ा है, इसलिए मैं बस एक चीज के उल्लेख के साथ यहां खुद को संतुष्ट करने जा रहा हूं, पुरुष और पुरुष, और महिला और महिला के बीच अनन्य दोस्ती के समाज के लिए खतरा। एक ही लिंग के कोई भी दो व्यक्ति एक-दूसरे के पूरक नहीं हो सकते हैं, और न ही वे लंबे समय तक उत्थान या एक-दूसरे को लाभ पहुंचा सकते हैं। आमतौर पर, वे मानसिक और आध्यात्मिक संपत्ति को विकृत करते हैं। हमारे पास कई परिचित होने चाहिए या कोई नहीं। जब दो लोग "एक-दूसरे को सब कुछ बताना" शुरू करते हैं, तो वे संवेदनशीलता के लिए लंबी पैदल यात्रा कर रहे हैं। अच्छी तरह से परिभाषित रिजर्व का एक सा होना चाहिए। हमें बताया गया है कि उदाहरण के लिए ठोस स्टील के मामले में अणु कभी भी स्पर्श नहीं करते हैं। वे कभी भी अपने व्यक्तित्व को आत्मसमर्पण नहीं करते हैं। हम सभी दिव्यता के अणु हैं, और हमारे व्यक्तित्वों को नहीं छोड़ा जाना चाहिए। अपने आप बनो, कोई भी आदमी आपके लिए आवश्यक न हो। आपका दोस्त आपके बारे में अधिक सोचेगा यदि आप उसे थोड़ी दूरी पर रखते हैं। दोस्ती, क्रेडिट की तरह, उच्चतम है जहां इसका उपयोग नहीं किया जाता है।

मैं समझ सकता हूं कि कैसे एक मजबूत आदमी एक हजार अन्य पुरुषों के लिए एक महान और स्थायी स्नेह रख सकता है, और उन सभी को नाम से बुला सकता है, लेकिन वह इन पुरुषों में से किसी एक को

दूसरे की तुलना में बहुत अधिक कैसे मान सकता है और अपने मानसिक संतुलन को संरक्षित कर सकता है, मुझे नहीं पता।

एक आदमी को काफी करीब आने दें और वह आपको एक डूबने वाले व्यक्ति की तरह पकड़ लेगा, और आप नीचे, दोनों चले जाएंगे। एक करीबी और अनन्य दोस्ती में, पुरुष दूसरों की कमजोरियों का हिस्सा लेते हैं।

दुकानों और कारखानों में, यह लगातार होता है कि पुरुषों के पास अपने चुम होंगे। ये पुरुष एक-दूसरे से अपनी परेशानियों से संबंधित हैं, वे कुछ भी वापस नहीं रखते हैं वे एक-दूसरे के साथ सहानुभूति रखते हैं, और वे पारस्परिक रूप से शोक व्यक्त करते हैं।

वे एक दूसरे के साथ गठबंधन करते हैं और खड़े होते हैं। उनकी दोस्ती अनन्य है और अन्य लोग देखते हैं कि यह है। ईर्ष्या में रेंगता है, संदेह जागता है, कोने के चारों ओर नफरत करता है, और ये पुरुष कुछ चीजों और व्यक्तियों के लिए पारस्परिक नापसंद में गठबंधन करते हैं। वे एक-दूसरे को भड़काते हैं, और उनकी सहानुभूति उनकी परेशानियों को पहचानकर विवेक को पतला करती है, पुरुष उन्हें वास्तविक बनाते हैं। चीजें ध्यान से बाहर हो जाती हैं, और मूल्य की भावना खो जाती है। यह सोचकर कि कोई दुश्मन है, आप उसे एक में विकसित करते हैं।

जल्द ही दूसरों को शामिल कर रहे हैं और हम एक गुट है. एक गुट एक दोस्ती है जो बीज के लिए चली गई है।

एक गुट एक गुट में विकसित होता है, और एक गुट एक झगड़े में, और जल्द ही हमारे पास एक भीड़ होती है, जो एक अंधा, बेवकूफ, पागल, पागल, रैंपिंग और गर्जन द्रव्यमान है जिसने पतवार खो दिया है। एक भीड़ में कोई व्यक्ति नहीं होता है, सभी एक ही मन के होते हैं, और स्वतंत्र विचार चले जाते हैं।

एक झगड़ा कुछ भी नहीं पर स्थापित किया गया है यह एक गलती है एक मूर्ख विचार एक मूर्ख दोस्त द्वारा लौ में fanned है! और यह एक भीड़ बन सकता है।

हर आदमी जिसका सांप्रदायिक जीवन के साथ कुछ भी करना है, ने देखा है कि गुट विघटित बैसिलस है और गुट का उदय हमेशा एक

ही लिंग के दो व्यक्तियों की अनन्य दोस्ती में होता है, जो एक-दूसरे को सभी निर्दयी चीजें बताते हैं जो एक-दूसरे के बारे में कहा जाता है "इसलिए अपने गार्ड पर रहें। अनन्य दोस्ती से सावधान रहें! सभी पुरुषों का सम्मान करें और सभी में अच्छाई खोजने की कोशिश करें। केवल मिलनसार, मजाकिया, बुद्धिमान, प्रतिभाशाली के साथ जुड़ने के लिए, सादे, बेवकूफ, अशिक्षित के बीच जाने के लिए एक गलती है, और अपनी बुद्धि और ज्ञान का अभ्यास करें। आप देने से बढ़ते हैं कोई पसंदीदा नहीं है आप अपने दोस्त को उससे दूर रखकर उतना ही पकड़ते हैं जितना कि आप उसके बाद का पालन करके करते हैं।

उसे सम्मान दें, हाँ, लेकिन प्राकृतिक बनें और अंतरिक्ष को हस्तक्षेप करने दें। एक दिव्य अणु बनें।

अपने आप बनें और अपने दोस्त को खुद होने का मौका दें। इस प्रकार आप उसे लाभ पहुंचाते हैं, और उसे लाभ पहुंचाने में आप खुद को लाभ पहुंचाते हैं।

बेहतरीन दोस्ती उन लोगों के बीच है जो एक-दूसरे के बिना कर सकते हैं।

बेशक, अनन्य दोस्ती के मामले हैं जो हमें स्नेह के भव्य उदाहरणों के रूप में इंगित किए गए हैं, लेकिन वे इतने दुर्लभ और असाधारण हैं कि वे इस तथ्य पर जोर देने के लिए काम करते हैं कि सामान्य शक्ति और बुद्धि के पुरुषों के लिए अपने साथी पुरुषों को बाहर करना बेहद मूर्खतापूर्ण है। कुछ पुरुष, शायद, जो इतिहास में जगह बनाने के लिए काफी बड़े हैं, दूसरे के जोनाथन के लिए दाऊद की भूमिका निभा सकते हैं और फिर भी सभी की सद्भावना को बनाए रख सकते हैं, लेकिन हम में से अधिकांश कड़वाहट और संघर्ष पैदा करेंगे।

और समाजवाद का यह सुंदर सपना, जहां प्रत्येक सभी की भलाई के लिए काम करेगा, तब तक कभी नहीं आएगा जब तक कि इक्यावन प्रतिशत वयस्क सभी अनन्य दोस्ती को छोड़ नहीं देंगे। जब तक वह दिन नहीं आता है, तब तक आपके पास गुट, संप्रदाय होंगे जो बड़े गुटों, झगड़ों और कभी-कभी भीड़ के बड़े हो गए हैं।

किसी पर भी न झुकें और न ही कोई आप पर निर्भर हो। आदर्श समाज आदर्श व्यक्तियों से मिलकर बनेगा। एक आदमी बनो और हर किसी के लिए एक दोस्त बनो।

जब गुरु ने अपने शिष्यों को अपने दुश्मनों से प्यार करने की सलाह दी, तो उनके दिमाग में सच्चाई थी कि अनन्य प्रेम एक गलती है। प्रेम तब मर जाता है जब इसका एकाधिकार हो जाता है। देने से बढ़ता है। आपका दुश्मन आपको गलत समझता है कि आपको कोहरे से ऊपर क्यों नहीं उठना चाहिए और उसकी गलती को देखना चाहिए और उसमें पाए जाने वाले अच्छे गुणों के लिए उसका सम्मान करना चाहिए?

4

डर और इसका कारण

"सभ्य जीवन में, आखिरकार, बड़ी संख्या में लोगों के लिए पालने से कब्र तक गुजरना संभव हो गया है, बिना कभी भी वास्तविक भय की पीड़ा के बिना। हम में से कई लोगों को शब्द का अर्थ सिखाने के लिए मानसिक बीमारी के हमले की आवश्यकता होती है। विलियम जेम्स।

हम सभी ने प्रतीत होता है कि भेदभावपूर्ण टिप्पणियां सुनी हैं कि डर सामान्य और असामान्य है, और यह कि सामान्य भय को एक दोस्त के रूप में माना जाना चाहिए, जबकि असामान्य भय को दुश्मन के रूप में नष्ट कर दिया जाना चाहिए।

तथ्य यह है कि किसी भी तथाकथित सामान्य भय का नाम नहीं दिया जा सकता है जो कुछ लोगों में अनुपस्थित नहीं रहा है जिनके पास इसके लिए हर कारण था। यदि आप अपने दिमाग में मानव इतिहास पर दौड़ेंगे, या वर्तमान जीवन में हाँ के बारे में देखेंगे, तो आप यहां और वहां ऐसे व्यक्ति पाएंगे, जो परिस्थितियों में या वस्तुओं से पहले, जो किसी भी भयभीत आत्मा के रूप में जोर देंगे, कम से कम सामान्य आत्म-रक्षा भय की भावना को प्रेरित करने के लिए, फिर भी पूरी तरह से भावना के बिना हैं। उनके पास डर को छोड़कर हर भावना और विचार की मांग की जाती है। आत्म-संरक्षण का विचार सबसे बुरी तरह से डरपोक या भयभीत के साथ दृढ़ता से मौजूद है, लेकिन डर है कि वे नहीं जानते हैं। डर के बारे में यह निडर जागरूकता बताती है कि स्थितियां कई कारणों

से हो सकती हैं। यह संवैधानिक मेकअप, लंबे समय से जारी प्रशिक्षण या habituation, धार्मिक परमानंद, या आध्यात्मिक आत्मत्व की पूरी तरह से शांत भावना से हो सकता है जो unhurtable है, या बहुत ही उत्कृष्ट कारण की कार्रवाई से हो सकता है। स्पष्टीकरण जो भी हो, तथ्य बहुत ही कारण बने हुए हैं जो हम में से अधिकांश में डर को उत्तेजित करते हैं, केवल अपील करते हैं, ऐसे लोगों के लिए, यदि बिल्कुल भी। आत्म-संरक्षण की वृत्ति और तर्क करने के लिए, आत्मा का विचार-तत्व जो व्यक्तिगत शांति और पूर्णता के लिए बनाता है।

सभी भय को दूर करें

यह इस तरह के विचारों पर है कि मैं यह मानने के लिए आया हूं कि सभी वास्तविक भय-भावनाओं को हमारे जीवन से दूर किया जाना चाहिए और जिसे हम "सामान्य भय" कहते हैं, उसे हमारी भाषा में "वृत्ति" या "कारण" द्वारा प्रतिस्थापित किया जाना चाहिए, डर के तत्व को पूरी तरह से गिरा दिया जाना चाहिए।

"हर कोई गवाही दे सकता है कि डर नामक मानसिक स्थिति में कुछ दर्दनाक परिणामों के मानसिक प्रतिनिधित्व होते हैं" (जेम्स)। मानसिक प्रतिनिधित्व इस तरह के रूप में बहुत बेहोश हो सकता है, लेकिन स्वयं को चोट पहुंचाने का विचार निश्चित रूप से मौजूद है। यदि, फिर, यह गहराई से विश्वास किया जा सकता है कि वास्तविक स्वयं को चोट नहीं पहुंचाई जा सकती है; यदि कारण को स्पष्ट रूप से और विश्वास से सभी शांत विचारों पर विचार करने के लिए लाया जा सकता है; यदि स्वयं को इस आश्वासन में सचेत रूप से आयोजित किया जा सकता है कि व्हाइट लाइफ सच्चे आत्म को घेरता है, और निश्चित रूप से उस स्वयं के भीतर है, और "पास आने के लिए कोई बुराई नहीं है" पीड़ित होगा, जबकि आत्म-संरक्षण की सभी प्रवृत्तियां पूरी तरह से सक्रिय हो सकती हैं, तो डर को हटा दिया जाना चाहिए "जहां तक पूर्व पश्चिम से है।

ये वे तरीके हैं, जिनमें डर के लिए किसी भी अवसर को विभाजित किया जा सकता है:

एक चेतावनी के रूप में और आतंक के निर्माता के रूप में। लेकिन हमें कहना है कि चेतावनी को तर्क के रूप में समझा जाना चाहिए, कि डर को बिल्कुल भी प्रकट होने की आवश्यकता नहीं है और आतंक पूरी तरह से बेकार दर्द है। इन भेदभावों को ध्यान में रखते हुए, अब हम डर के प्रारंभिक अध्ययन पर जा सकते हैं।

भय का प्रारंभिक अध्ययन

डर

(ए) एक आवेग है

(बी) एक आदत है, और

(सी) एक बीमारी है।

डर, जैसा कि यह मनुष्य में मौजूद है, पवित्रता का विश्वास करना है, कल्पना का एक प्राणी, पागलपन की स्थिति है।

इसके अलावा, डर अब नसों का है, अब मन का, अब नैतिक चेतना का।

विभाजन दृष्टिकोण पर निर्भर करता है। जिसे आमतौर पर सामान्य भय कहा जाता है, उसे तर्क को जगह देनी चाहिए, वृत्ति के साथ-साथ विचार को कवर करने के लिए शब्द का उपयोग करना चाहिए। सही दृष्टिकोण से, सभी भय बुराई है जब तक कि मनोरंजन किया जाता है।

जो कुछ भी इसकी अभिव्यक्तियां हैं, जहां भी इसका स्पष्ट स्थान है, डर एक मानसिक स्थिति है, निश्चित रूप से, कई तरीकों से व्यक्ति पर प्रतिक्रिया करता है: जैसे, नसों में, मानसिक मनोदशा में, एक आवेग में, एक पुरानी आदत में, एक असंतुलित स्थिति में। प्रतिक्रिया हमेशा एक अच्छा इरादा है, जिसका अर्थ है, प्रत्येक मामले में, "ध्यान रखें! खतरा!"

आप देखेंगे कि यह ऐसा है यदि आप तीन व्यापक प्रकार के डर से स्वयं के डर, स्वयं के लिए डर और दूसरों के लिए डर पर एक पल की तलाश करेंगे। स्वयं का डर अप्रत्यक्ष रूप से आत्म-खतरे का डर है। दूसरों के लिए डर दूसरों के लिए प्रत्याशित दुर्भाग्य के कारण स्वयं को महसूस या चित्रित संकट का प्रतीक है। मुझे अक्सर आश्चर्य होता है कि क्या, जब हम दूसरों के लिए डरते हैं, तो यह स्वयं के लिए एक संकट है या उन्हें चोट पहुंचाता है जो हमारे विचारों में सबसे जोरदार है।

डर, फिर, आमतौर पर आत्मा के खतरे के संकेत के रूप में माना जाता है। लेकिन असली संकेत सहज और विचारशील कारण है।

यहां तक कि वृत्ति और कारण, एक चेतावनी के रूप में कार्य करते हुए, असामान्य रूप से अपने कर्तव्य का पालन कर सकते हैं, या असामान्य अनुपात मान सकते हैं। और फिर हमारे पास डर की भावना होती है। सामान्य चेतावनी संतुलन और आत्म-नियंत्रण की स्थिति में मन द्वारा पकड़े गए वास्तविक खतरे से प्रेरित होती है। सामान्य मन हमेशा इस तरह की चेतावनी देने में सक्षम होता है। लेकिन दो तरीके हैं जिनमें तथाकथित सामान्य भय, कारण की आड़ में अभिनय करते हुए, शायद नष्ट हो जाते हैं: डर के कारण के प्रतिस्थापन से, और सफेद जीवन के आश्वासन से।

अब यह रागड़ा जाए कि सामान्य भय से यहां है, इसका मतलब है कि सामान्य कारण वास्तविक डर को जगह और कार्य से पूरी तरह से इनकार कर दिया जा रहा है। तब हम कह सकते हैं कि तर्क की ऐसी कार्रवाई मनुष्य के लिए एक परोपकारी है। यह दर्द और थकावट के साथ, हमारे भीतर चीजों की प्रकृति का परोपकार है।

एक व्यक्ति ने कहा, "थक गए? मेरे घर में ऐसा कोई शब्द नहीं है! अब, यह एक ध्वनि और स्वस्थ रवैया नहीं हो सकता है। थकावट, प्रयास के एक निश्चित चरण में, काम को रोकने के लिए एक संकेत है। जब कोई श्रम में इतना लीन हो जाता है कि थकावट की भावना की चेतना खो देता है, तो उसने मृत्यु पर "जल्दी कॉल" जारी किया है। मैं इस बात से इनकार नहीं करता कि आत्मा उछाल और शक्ति की एक उदात्त भावना की खेती कर सकती है; बल्कि मैं तुमसे आग्रह करता हूं

कि आप उस सुंदर स्थिति की तलाश करें; लेकिन मैं मानता हूं कि जब एक विश्वास या मतिभ्रम आपको नसों और मांसपेशियों की चेतावनी सुनने की अनुमति देने से इनकार कर देता है, तो प्रकृति अनिवार्य रूप से आपदा का काम करेगी। आइए हम उस बड़ी स्वतंत्रता के लिए खड़े हों जो प्रकृति द्वारा सच्ची भलाई के लिए प्रदान की जाने वाली हर चीज का लाभ उठाने के लिए खुशी से स्वतंत्र है। आंशिक स्वतंत्रता है जो वास्तविक के रूप में विभिन्न वास्तविकताओं को अस्वीकार करके खुद को महसूस करने की कोशिश करती है; वहाँ उच्च स्वतंत्रता है जो वास्तविक के रूप में इस तरह की वास्तविकताओं को स्वीकार करके और अवसर के रूप में उन्हें उपयोग करने या अस्वीकार करने से खुद को सबसे अच्छा स्वयं के हित में आवश्यक हो सकता है। मैं इसे सच्चा ज्ञान मानता हूं: हर उस चीज का लाभ उठाने के लिए जो स्वयं को अच्छा वादा करता है, इस या उस सिद्धांत के संबंध के बिना, और सभी चीजों, सामग्री या अभौतिक, उचित या आध्यात्मिक का उपयोग करने के लिए स्वतंत्र है। मैं आपके विज्ञान या आपकी विधि को गले लगाता हूं, लेकिन मैं दर्शन या स्थिरता के लिए आपके बंधन को अनदेखा करने के लिए भीख मांगता हूं। तो मैं कहता हूं कि सामान्य स्वास्थ्य के लिए थके हुए अर्थ थके हुए नसों और मांसपेशियों को फिर से भरने के लिए एक तर्कसंगत आदेश है।

यह स्वतंत्रता नहीं है, यह स्वस्थ नहीं है, यह घोषित करने के लिए, "कोई दर्द नहीं है! दर्द मौजूद है, जो कुछ भी आप पुष्टि करते हैं, और आपकी पुष्टि है कि यह इस बात का सबूत नहीं है कि यह मौजूद है, क्यों (और कैसे) उस के गैर-अस्तित्व की घोषणा करता है जो गैर-मौजूद है? लेकिन अगर आप कहते हैं, "वास्तव में मुझे दर्द है, लेकिन मैं इसे अनदेखा करने और विचार-स्वास्थ्य की खेती करने के लिए ईमानदारी से प्रयास कर रहा हूं ताकि दर्द का कारण हटाया जा सके," यह समझदार और सुंदर है। बाइबल के उस चरित्र का यह सराहनीय रवैया है, जो रोया: "हे प्रभु, मैं विश्वास करता हूँ; मेरे अविश्वास की मदद करो। मनोवैज्ञानिक कोहरे के बादल के साथ दर्द को दलदल करने का काम करना जो प्रकृति की अच्छी सरकार के खिलाफ अराजकतावादियों

को बदलना है। दर्द से, प्रकृति व्यक्ति को सूचित करती है कि वह कहीं न कहीं आदेश से बाहर है। यह चेतावनी सामान्य है। भावना मन में असामान्य हो जाती है जब कल्पना तंत्रिकाओं को दोहराए गए जलन के साथ twangs, और विल, कलह और मानसिक अराजकता से भ्रमित होती है, डर के साथ काउवर्स और कंपकंपी करती है।

मैं यह नहीं कहता कि डर जैसी कोई चीज नहीं है। डर मौजूद है। लेकिन यह केवल आपकी अनुमति से आपके जीवन में मौजूद है, इसलिए नहीं कि यह "बुराई" के खिलाफ चेतावनी के रूप में आवश्यक है।

डर को वास्तविक खतरे को अनावश्यक रूप से बढ़ाने से प्रेरित किया जाता है, या अत्यधिक और गलत निर्देशित मानसिक प्रतिक्रियाओं के माध्यम से काल्पनिक खतरों को जोड़कर। इसे खतरे के संकेत के रूप में भी लिया जा सकता है, लेकिन यह एक झूठे इरादे वाला गवाह है, क्योंकि इसकी आवश्यकता नहीं है, व्यक्ति के लिए शत्रुतापूर्ण है क्योंकि यह आत्म-नियंत्रण को धमकी देता है और यह बेकार और विनाशकारी काम में जीवन की ताकतों को अवशोषित करता है जब उन्हें मूल्यों को बनाने में लगे रहना चाहिए।

5

अच्छे कपड़ों का महत्व

पहले इंप्रेशन स्थायी होने के लिए उपयुक्त हैं; इसलिए यह महत्वपूर्ण है कि उन्हें अनुकूल होना चाहिए। एक व्यक्ति की पोशाक वह परिस्थिति है जहां से आप पहले उसके बारे में अपनी राय बनाते हैं। यह तरीके से भी अधिक प्रमुख है, यह वास्तव में एकमात्र चीज है जो एक आकस्मिक मुठभेड़ में, या पहले साक्षात्कार के दौरान टिप्पणी की जाती है। इसलिए, यह पहली देखभाल होनी चाहिए।

हमारे विचारों के लिए क्या शैली है, पोशाक हमारे व्यक्तियों के लिए है। यह अधिक ठोस गुणों की जगह की आपूर्ति कर सकता है, और इसके बिना, सबसे ठोस बहुत कम लाभ के हैं। संख्याओं ने शौचालय पर उनके ध्यान के लिए अपनी ऊंचाई का श्रेय दिया है। स्थान, भाग्य और विवाह सभी उनकी उपेक्षा करके खो गए हैं।

आपकी पोशाक हमेशा आपकी उम्र और आपके प्राकृतिक बाहरी के अनुरूप होनी चाहिए। जो एक आदमी पर दिखता है, वह दूसरे पर सहमत होगा। चूंकि इस संबंध में सफलता लगभग पूरी तरह से विशेष परिस्थितियों और व्यक्तिगत विशिष्टताओं पर निर्भर करती है, इसलिए बहुत महत्व के सामान्य निर्देश देना असंभव है। हम केवल अध्ययन और अनुसंधान के लिए क्षेत्र को इंगित कर सकते हैं; यह

परिणामों को कम करने के लिए प्रत्येक की प्रतिभा और उद्योग से संबंधित है। आप कितने भी बदसूरत क्यों न हों, लेकिन आश्वस्त रहें कि हैबिलिमेंट की कुछ शैली है जो आपको पास करने योग्य बना देगी।

यदि, उदाहरण के लिए, आपके गाल पर एक दाग है जो प्रतिभा में सबसे अच्छा प्रतिद्वंद्वी है या, एक नाक से पीड़ित है जिसकी चमक रूबी को मंद करती है, तो आप पोशाक के ऐसे रंगों को नियोजित कर सकते हैं, कि आंख, दोष की अजीबता से चौंकने के बजाय, रंगों के सुंदर सद्भाव से मोहित हो जाएगी।

चेहरे के लगभग हर दोष को विवेकपूर्ण उपयोग और बालों की व्यवस्था से छिपाया जा सकता है। हालांकि, ध्यान रखें कि आपके बाल एक रंग के नहीं हैं और आपकी मूंछें दूसरे रंग की हैं; और अपने विग को अपने लाल या सफेद बालों के पूरे को कवर करने के लिए पर्याप्त बड़ा होने दें। इसलिए, यह स्पष्ट है कि यद्यपि एक आदमी बदसूरत हो सकता है, उसके चौंकाने वाले होने की कोई आवश्यकता नहीं है।

6

चुंबकीय क्रिया के नियम

पहला नियम: "टोन" के लिए शक्ति का संबंध

कार्रवाई में चुंबकत्व की प्रभावशीलता अपने मालिक और किसी भी अन्य व्यक्ति के बीच "टोन" के सद्भाव पर निर्भर करती है, और इस तरह के "टोन" सद्भाव को सुरक्षित करने में, किसी भी चुंबकीय विमान पर, किसी भी विशेष मानसिक स्थिति में, किसी भी समय, मानसिक और भौतिक चुंबकत्व पारस्परिक रूप से सहयोग करते हैं।

दूसरा नियम: चुंबकीय इरादा

चुंबकीय इरादा ("मैं चुंबकीय रूप से इरादा करता हूं") अन्यथा बेहोश चुंबकत्व को तेज करता है, और जटिल संगीत में एक विषय की तरह सामान्य ईथरिक कंपन के सभी द्रव्यमानों के माध्यम से चलता है, जो उन्हें एकता, चरित्र, बुद्धि और व्यावहारिक रोजगार में निश्चित और भारी प्रभावशीलता प्रदान करता है।

तीसरा नियम: उद्देश्य का प्रभाव

चुंबकत्व के रोजगार में, लंबे समय तक चलने वाला उद्देश्य ईथरिक चरित्र को स्थापित करता है, और विशेष उद्देश्य उस चरित्र की पुष्टि करता है यदि यह सामान्य उद्देश्य पर ध्यान केंद्रित करता है, लेकिन उस चरित्र को भ्रमित करता है, शायद इसे नष्ट कर देता है, अगर यह सामान्य उद्देश्य को विरोधी बनाता है।

चौथा नियम: आदर्श का बल

उद्देश्य का आदर्शवाद ईथरिक कंपन के चरित्र को निर्धारित करता है, और चुंबकीय गतिविधियों का आदर्शवाद प्राप्त चुंबकत्व की गुणवत्ता को निर्धारित करता है।

पांचवां नियम: अन्य ब्याज का प्रभुत्व

जीवन में अन्य हितों का सामान्य प्रभाव, और विशेष अवसरों पर अन्य हितों का विशेष प्रभाव, चुंबकत्व के उपयोग को प्रदान करता है भारी प्रभावशीलता, कम से कम स्वयं के बारे में नहीं।

छठा नियम: प्रशंसा की प्रतिक्रिया

दूसरों के लिए प्रशंसा की चेतना, उनके द्वारा मान्यता प्राप्त, चुंबकीय कार्रवाई को उत्तेजित करने के लिए जबरदस्त शक्ति के साथ प्रतिक्रिया करती है।

सातवां नियम: सेवन का उपाय

चुंबकीय जीवन में, शक्ति का सेवन शक्ति के उत्पादन द्वारा सही ढंग से मापा जाता है: अपशिष्ट में व्युत्क्रम रूप से, सीधे बुद्धिमान व्यय में।

आठवां नियम: समायोजन

चुंबकीय प्रभावशीलता को समायोजन की सटीकता और पूर्णता के अनुपात में, चीजों, कानूनों, बलों, समय, स्थितियों, गुणों, तथ्यों, सत्यों, व्यक्तियों के लिए, और केवल अध्ययन किए गए अनुभव इस तरह के समायोजन की खोज और स्थापित कर सकते हैं।

व्यक्तियों के लिए समायोजन की समस्याएं ये हैं:

- अवरों के साथ, आत्म चुंबकीय रूप से रखने के लिए, condescension की उपस्थिति के बिना, देखने में अंत के लिए अपने स्तरों पर, तो चुंबकत्व के सामान्य सिद्धांतों को लागू करने.
- बराबर के साथ, सामान्य सिद्धांतों को लागू करने के लिए।
- वरिष्ठ अधिकारियों के साथ, चुंबकीय रूप से स्थगित करते समय अपने स्तर को ग्रहण करने के लिए, प्रशंसा या विनम्रता के बिना, इस तरह की श्रेष्ठता के लिए, इसकी वास्तविकता या अवास्तविकता की परवाह किए बिना, अंत के लिए, चुंबकत्व के सामान्य सिद्धांतों को लागू करने के लिए।

नौवां नियम: पहचान का चुंबकत्व

समायोजन का चुंबकीय मूल्य बल और पूर्णता को व्यक्त करता है जिसके साथ व्यक्ति खुद को किसी अन्य व्यक्ति के साथ पहचान सकता है, दृष्टिकोण, इशारे, कार्य, आंख, स्वर, भाषा और टेलीपैथिक सहानुभूति के माध्यम से एकता का सुझाव देता है।

दसवां नियम: प्रतिक्रियाओं का उपयोग

चुंबकीय कौशल को उस तरीके से प्रदर्शित किया जाता है जिसमें लाभकारी प्रतिक्रियाएं प्राप्त की जाती हैं और उपयोग की जाती हैं, नकारात्मक या उदासीन प्रतिक्रियाओं को स्पष्ट रूप से अनदेखा किया जाता है, फिर भी आगे लगातार चुंबकीय कार्रवाई के लिए उत्तेजना का गठन किया जाता है, और शत्रुतापूर्ण प्रतिक्रियाओं को अस्वीकार कर दिया जाता है, बिना किसी ओस्टेंटेशन के, लेकिन दृढ़ संकल्प के साथ (यदि सार्थक) बेहतर समायोजन और बढ़े हुए चुंबकीय प्रयास के माध्यम से "जीतने" के लिए।

ग्यारहवां नियम: चुंबकीय हमला

चुंबकीय सफलता प्रत्यक्ष हमले की मांग करती है जब "टोन" के ईथरिक सद्भाव का आश्वासन दिया जाता है, लेकिन अप्रत्यक्ष विधि अन्यथा; यही है, इस तरह के हमले के तरीकों के रूप में है कि सद्भाव को सुरक्षित होगा.

बारहवां नियम: विरोध की विजय

चुंबकत्व जाहिरा तौर पर अनदेखा करता है, और रोमांचक विरोध से बचता है; लेकिन, जब विरोध स्पष्ट होता है, तो इसे अस्वीकार कर देता है और अप्रत्यक्ष हमले पर आगे बढ़ता है, या खुले तौर पर इसे स्वीकार करता है और प्रत्यक्ष या अप्रत्यक्ष विधि को अपनाता है क्योंकि एक या दूसरे "टोन" के सबसे तेज और सबसे सही सद्भाव का वादा करता है।

तेरहवां नियम: पुनः समायोजन

नैतिक जीवन एक निरंतर प्रतिक्रिया और चुंबकत्व है, इसलिए, हर मुद्दे से सहमत होकर और हर बदलाव और हर हार को एक नया अवसर

बनाकर खुद को प्रदर्शित करता है।

चौदहवां नियम: आउटपुट का नियंत्रण

यह जानना महत्वपूर्ण है कि सर्किट को कब खोलना है, चुंबकीय बल की धारा को काटने के लिए क्योंकि यह जानना है कि चुंबकीय प्रभावों को डालने के लिए सर्किट को कब बंद करना है।

पंद्रहवां नियम: रियायत

रियायत अपनी समयबद्धता में चुंबकीय हो जाती है। यदि समय से पहले या देर हो चुकी है, तो यह चुंबकत्व को हरा देता है।

सोलहवां नियम: हार्मोनिक शर्तें

चुंबकत्व व्यक्तिगत परिवेश, स्वच्छता, व्यवस्था, अलंकरण, कला, साहित्य, संगीत और इसी तरह की सुंदरता के माध्यम से बढ़ता है।

सत्रहवां नियम: इच्छा की संप्रभुता

देशी और बेहोश चुंबकत्व के निदेशक और विकसित चुंबकत्व के निर्माता और निदेशक हैं। इच्छा शक्ति चुंबकीय शक्ति के लिए अपरिहार्य है।

अठारहवां नियम: चुंबकीय कार्रवाई में ऊर्जा

चुंबकीय प्रभाव का प्रक्षेपण मानसिक और तंत्रिका राज्यों की आंतरिक, सचेत तीव्रता के अनुपात में होता है। बंदूक में विस्फोट पाउडर हथियार के पीछे आदमी के लिए कहता है, आदमी के भीतर आत्मा, आत्मा के क्षेत्र के भीतर शक्तिशाली कंपन, कंपन के भीतर चुंबकीय इरादा, और इरादे के भीतर मानसिक ऊर्जा।

उन्नीसवां नियम: आत्म-नियंत्रण

चुंबकीय शक्ति प्रभावी हो जाती है क्योंकि स्वयं की महारत, संयम और हैंडलिंग में, पूर्णता तक पहुंचती है।

बीसवां नियम: स्वयं की चुंबकीय हैंडलिंग

चुंबकत्व का रवैया, चुंबकीय इरादा और मानसिक मुद्रा, "मैं इस व्यक्ति या इस स्थिति के प्रति सकारात्मक चुंबकीय खड़ा हूं," लगातार बनाए रखा, अंततः ऑटो-सुझाव के नियम के माध्यम से चुंबकीय आत्म-हैंडलिंग की सभी कलाओं में निर्देश देता है, और व्यावहारिक रूप में इसके आदर्शों का एहसास करता है।

इक्कीसवां नियम: चुंबकीय मुखौटा

चुंबकत्व का मुखौटा प्रभावशीलता प्राप्त करता है जब यह व्यक्तिगत राज्यों और उद्देश्यों को इस तरह से कवर करता है जो सकारात्मक रूप से आकर्षित करता है, और अकेले उस तरीके से।

बाईसवां नियम: चुंबकीय चेतना

इसके बारे में विचार किए बिना तीव्र चुंबकीय चेतना अपने उत्थान और उत्तेजक प्रभाव से, नियोजित होने पर व्यक्तिगत शक्तियों का सबसे बड़ा उत्कर्ष सुरक्षित करती है।

तेईसवां नियम: चुंबकीय विश्वास

चुंबकीय सफलता की निश्चितता में गहरा और महत्वपूर्ण विश्वास सभी अव्यक्त और विकसित चुंबकत्व को गतिशील बनाता है यदि उस

विश्वास को कार्रवाई में फेंक दिया जाता है।

चौबीसवां नियम: उपयोग में मांग

किसी भी कार्य के लिए चुंबकत्व के आवेदन में, यूनिवर्सल फोर्सेस पर तीव्र, लगातार मांग उन्हें सीधे प्रयास में स्विंग करती है।

पच्चीसवां नियम: उपयोग में प्रतिज्ञान

जब, चुंबकत्व के आवेदन में, कोई व्यक्ति मानसिक रूप से, तीव्रता से, लगातार पुष्टि करता है, "मैं शक्ति प्राप्त कर रहा हूं और लागू कर रहा हूं," वह अनजाने में सभी सफलता तत्वों की सहायता करने के लिए कहता है और खुद को एक केंद्र बनाता है जिसकी ओर सार्वभौमिक बल अनिवार्य रूप से गुरुत्वाकर्षण करते हैं।

छब्बीसवां नियम: चुंबकीय दूरबीन

चुंबकीय दृष्टिकोण, विश्वास, मांग और प्रतिज्ञान, एक चुंबकीय दूरबीन का गठन करते हैं जिसके माध्यम से सफलता के दूर के लक्ष्य को बढ़ाया जाता है और सभी निकट बाधाओं, लालच और परेशान करने वाली स्थितियों को दृश्य से बाहर कर दिया जाता है।

सत्ताईसवां नियम: चुंबकीय संचय

चुंबकत्व, जीवन के लिए सही आवेदन के माध्यम से, न केवल व्यक्ति में विकसित होता है, बल्कि अपने वातावरण में जमा होता है, और प्रत्यक्ष व्यक्तिगत पर्यवेक्षण के बिना लाभकारी प्रतिक्रिया करता है।

अट्ठाईसवां नियम: व्यक्तिगत वातावरण

व्यक्तिगत वातावरण वास्तव में आंतरिक आत्म को दर्शाता है, और यह चुंबकीय प्रभावशीलता के लिए एक आदर्श क्षेत्र प्रस्तुत करता है जब स्वयं और शरीर साफ और उत्साही रूप से स्वस्थ होते हैं।

उनतीसवां नियम: भौतिक चुंबकत्व की अधीनता

मानसिक चुंबकत्व के लिए भौतिक की अधीनता में, प्रत्येक दोनों आदेशों के सापेक्ष विकास के अनुसार अपनी सबसे बड़ी प्रभावशीलता पाता है।

तीसवां नियम: निश्चित विचार

कुछ निश्चित, महान और आकर्षक विचारों के साथ लंबे समय से जारी सहयोग आत्मा के कुछ गहरे, अवचेतन कार्यों को ऑपरेशन में सेट करता है, जो एक समय के लिए जीवन में अपरिचित और अप्रकट, धीरे-धीरे और निश्चित रूप से सभी व्यक्तिगत शक्तियों का समन्वय करता है, इसके साथ सद्भाव में पूरी प्रणाली के काम को प्रेरित करता है, और अंत में एक एकीकृत के रूप में उद्देश्य जीवन और चेतना में उभरता है, वास्तविक गतिशील बल। इस विचार ने व्यक्ति को घुमाया है, उसे बदल दिया है, उसके संकायों और उसके ईथर को सुसंगत और तेज कर दिया है, उसके वातावरण में संप्रभुता में आ गया है, और वहां से अन्य लोगों और जीवन की स्थितियों पर एक गतिशील बल लगाता है।

इस लेख ने आपको अपने आवश्यक तत्वों के साथ समन्वय करने वाली सफलता के विचार के साथ संतृप्त करने की कोशिश की है और इस प्रकार आपके पूरे अस्तित्व को शक्तिशाली विश्वास में बदलने का प्रयास किया है कि बड़ी सफलता आपके लिए भी है।

7

चुंबकीय विकास के नियम

पहला नियम: बंदोबस्ती की खोज

प्रत्येक सामान्य व्यक्ति में अव्यक्त चुंबकीय बंदोबस्ती की सीमाएं चुंबकत्व की संस्कृति में लंबे समय तक प्रयास के माध्यम से ही उभरती हैं।

दूसरा नियम: कठिन वातावरण

चुंबकत्व पर्यावरण की कठिनाई के प्रत्यक्ष अनुपात में विकसित होता है।

तीसरा नियम: चुंबकीय इरादा

चुंबकत्व पूरी तरह से लगातार चुंबकीय इरादे से पर्यावरण में बंदोबस्ती के गुणन के माध्यम से विकसित होता है।

चौथा नियम: नि: शुल्क समायोजन

चुंबकत्व की संस्कृति अनिवार्य रूप से मांग करती है कि सभी शक्तियों के लिए स्वयं का केंद्रीय समायोजन जो पूर्ण मानसिक स्वतंत्रता का एहसास करता है।

पांचवा नियम: एकाग्रता

पर्यावरण में बंदोबस्ती का चुंबकीय गुणन केवल सफलता-चुंबकत्व के तरीकों पर एक तीव्र, लगातार और एकीकृत एकाग्रता के साथ संभव है।

छठा नियम: उद्देश्य-आदर्श

महान चुंबकत्व का विकास, बड़े अर्थों में, एक एकल, प्रमुख, आदर्श जीवन उद्देश्य के सामान्य पालन पर निर्भर करता है, और, विशेष अर्थों में, उस अंत से संबंधित अध्ययन किए गए चुंबकीय आचरण में व्यक्ति की विशेषज्ञता पर।

सातवां नियम: ग्रहणशीलता

उच्चतम चुंबकत्व अनुपात में चुंबकीय कानूनों के माध्यम से महसूस करता है क्योंकि आंतरिक स्व सार्वभौमिक बलों के प्रति सतर्क ग्रहणशीलता बनाए रखता है।

आठवां नियम: मांग

यूनिवर्सल चुंबकत्व पर स्वयं की मूक, लगातार मांग इसे एक केंद्र बनाती है जिसकी ओर बल स्वाभाविक रूप से गुरुत्वाकर्षण करते हैं।

नौवां नियम: पुष्टि

वास्तविक चुंबकीय शक्ति की निरंतर, तीव्र प्रतिज्ञान सफलता तत्वों को उत्तेजित करती है, ग्रहणशीलता को बनाए रखती है, मांग पर जोर देती है, आंतरिक ईथरिक कंपनों को सुसंगत करती है और तेज करती है, और सार्वभौमिक ईथर और इसकी ताकतों के सकारात्मक आंदोलन को प्रेरित करती है।

दसवां नियम: मानसिक ऊर्जा

सभी व्यक्तिगत चुंबकत्व में चुंबकीय इरादे से विकसित और निर्देशित मानसिक ऊर्जा शामिल है।

ग्यारहवां नियम: आत्म-नियंत्रण

चुंबकीय ऊर्जा अपनी प्रवृत्तियों के मानसिक नियंत्रण के माध्यम से केंद्रित होती है।

बारहवां नियम: चुंबकीय गुणवत्ता

आंतरिक मानसिक दृष्टिकोण और चुंबकीय इरादे का चरित्र पर्यावरण में बंदोबस्ती को गुणा करने के प्रयास की गुणवत्ता और प्रभावशीलता को निर्धारित करता है, और इसलिए, चुंबकत्व की तरह और डिग्री प्राप्त होती है।

तेरहवां नियम: आत्म-मूल्यांकन

अन्य चीजें समान होने के नाते, चुंबकत्व संतुष्टिदायक लेकिन अकल्पनीय के रूप में प्रकट होता है, आत्म-मूल्यांकन विकसित होता है।

चौदहवां नियम: स्वयं का उपयोग करें

अन्य चुंबकीय कानूनों के अनुरूप, उच्चतम चुंबकत्व केवल सबसे अच्छा लाभ के लिए अपने सबसे अच्छे रूप में स्वयं के निरंतर सर्वोत्तम उपयोग से मुद्दों।

पंद्रहवां नियम: चुंबकीय वीरता

आत्म-दया, शिकायत, और सभी दयालु राज्य चुंबकीय शक्ति की हर किस्म को भ्रमित, कमजोर और बर्बाद करते हैं, जबकि उनकी बेहतरी के लिए शर्तों की वीर स्वीकृति, और मास्टर के रूप में स्वयं का साहसी दावा, संरक्षण और चुंबकीय इरादे के प्रभाव के अनुपात में सबसे महान चुंबकत्व को बहुत विकसित करता है।

सोलहवां नियम: कार्रवाई और प्रतिक्रिया

उच्चतम चुंबकत्व में न केवल अध्ययन की गई खेती शामिल है, बल्कि बुद्धिमान रोजगार से प्रेरित उत्तेजक प्रतिक्रियाओं का चुंबकीय उपयोग भी शामिल है।

सत्रहवां नियम: वसूली

जो कोई भी, किसी भी मानसिक (चुंबकीय) विफलता या हार के अवसर पर, जमीन की वसूली के लिए पूरी उत्तेजित हताशा को समर्पित करता है, अचूक रूप से उसके चारों ओर के ईथरिक जीवन में तनाव को प्रेरित करता है जो अंततः दुनिया के ऑनस्वीप के साथ, सार्वभौमिक बलों के साथ उसकी सहायता के लिए आकर्षित करता है।

अठारहवां नियम: प्रजनन

"सब कुछ प्रेषित किया जाता है, सब कुछ बदल जाता है, सब कुछ पुन: पेश किया जाता है"; अकेले शारीरिक और मानसिक स्वास्थ्य में, इसलिए, सार्वभौमिक बलों को सही ईथरिक कंपन के माध्यम से प्रेषित किया जाता है, जो प्रभावी एथेरिक चालन के माध्यम से परिवर्तित होता है, और ईथरिक क्षमताओं के पर्याप्त और सामंजस्यपूर्ण मानसिक नियंत्रण द्वारा चुंबकत्व में पुन: पेश किया जाता है।

उन्नीसवां नियम: संस्कृति की श्रेष्ठता

प्राकृतिक चुंबकत्व के कच्चे मूल्य, बेहोश चुंबकत्व के स्वचालित कार्य, अपने सर्वश्रेष्ठ रूप से पूरी तरह से प्रदर्शित करते हैं क्योंकि वे पूर्ण जागरूक चुंबकीय संस्कृति में चरमोत्कर्ष करते हैं।

8

प्यार और विश्वास

कोई भी महिला एक ऐसी पत्नी बनने के योग्य नहीं है जो अपनी शादी के दिन पूरी तरह से और पूरी तरह से प्यार और सही विश्वास के माहौल में खो नहीं जाती है; संबंध की सर्वोच्च पवित्रता एकमात्र चीज है, जो उस समय, उसकी आत्मा के पास होनी चाहिए।

महिलाओं को पुरुषों की तुलना में पुरुषों की तुलना में पुरुषों का "पालन" नहीं करना चाहिए। हर सुखी विवाह में छह आवश्यक हैं; पहला विश्वास है, और शेष पांच आत्मविश्वास हैं। कुछ भी एक आदमी की तारीफ नहीं करता है क्योंकि एक महिला को उस पर विश्वास करने के लिए कुछ भी नहीं है, इसलिए एक महिला को खुश करता है क्योंकि एक आदमी को उस पर विश्वास करने के लिए।

भगवान मेरी मदद करो! हां, अगर मैं किसी महिला से प्यार करता हूं, तो मेरा पूरा दिल उसकी थोड़ी सी भी इच्छा का पालन करने की इच्छा रखता है। और मैं उससे कैसे प्यार कर सकता हूं जब तक कि मुझे पूरा विश्वास न हो कि वह केवल सुंदर, सच्चे और सही की आकांक्षा करेगी? और उसे इस आदर्श को महसूस करने में सक्षम बनाने के लिए, उसकी इच्छा मेरे लिए एक पवित्र आदेश होगी; और मेरे प्रति मन का उसका रवैया मुझे पता है कि वही होगा। और हमारे बीच एकमात्र प्रतिद्वंदिवता यह होगी कि कौन सबसे अधिक प्यार कर सकता है, और पालन करने की इच्छा हमारे जीवन के आवेग को नियंत्रित करने वाली होगी।

हम इसे देकर स्वतंत्रता प्राप्त करते हैं, और जो विश्वास प्रदान करता है वह इसे ब्याज के साथ वापस प्राप्त करता है। प्यार में सौदेबाजी करना और निर्धारित करना प्यार को खोना है।

पूर्ण विश्वास का तात्पर्य पूर्ण प्रेम से है, और पूर्ण प्रेम भय से बाहर निकलता है। यह हमेशा लागू करने का डर है, और शासन करने का एक गुप्त इरादा है, जो महिला को एक शब्द पर हैगल करने का कारण बनता है, यह प्यार की अनुपस्थिति है, एक सीमा, एक अक्षमता है। सही प्यार की कीमत निरपेक्ष और पूर्ण आत्मसमर्पण है।

एक आदमी को कुछ भी नहीं के लिए कुछ देने के लिए व्यक्ति को खुद से असंतुष्ट करने के लिए जाता है।

आपके दुश्मन वे हैं जिनकी आपने मदद की है।

और जब कोई व्यक्ति अपने आप से असंतुष्ट होता है, तो वह पूरी दुनिया और आपसे असंतुष्ट होता है।

दुनिया के साथ एक आदमी का झगड़ा केवल खुद के साथ एक झगड़ा है। लेकिन यह झुकाव इतना मजबूत है कि कहीं और दोष देना और खुद के लिए श्रेय लेना, कि जब हम नाखुश होते हैं, तो हम कहते हैं कि यह इस महिला या उस आदमी की गलती है। खासकर महिलाएं अपने दुख का कारण उस पुरुष को देती हैं।

और अक्सर परेशानी यह होती है कि उसने उसे कुछ भी नहीं के लिए बहुत कुछ दिया है।

यह सच्चाई एक प्रतिवर्ती है, जो उपयोग द्वारा अच्छी तरह से स्नेहक है और दोनों तरीकों से काम कर रही है जैसा कि मामला हो सकता है।

स्नेह का वह रूप जो तेज सौदेबाजी करता है और मांग करता है, उस बैंक पर एक चेक प्राप्त करता है जिसमें कोई शेष राशि नहीं होती है।

कुछ भी इतना महंगा नहीं है जितना कि आपको कुछ भी नहीं मिलता है।

9

मानसिक दृष्टिकोण

सफलता खून में होती है। ऐसे पुरुष हैं जिन्हें भाग्य कभी भी नीचे नहीं रख सकता है, वे एक शानदार तरीके से आगे बढ़ते हैं, और दिव्य अधिकार से पृथ्वी द्वारा वहन की जाने वाली हर चीज का सबसे अच्छा लेते हैं। लेकिन उनकी सफलता सैमुअल स्माइल्स-कनेक्टिकट नीति का उपयोग करके प्राप्त नहीं की जाती है। वे प्रतीक्षा में झूठ नहीं बोलते हैं, न ही योजना, न ही फॉन, और न ही लोकप्रिय पक्ष की हवा को पकड़ने के लिए अपने पाल को अनुकूलित करने की तलाश करते हैं। फिर भी, वे कभी भी सतर्क और जीवित होते हैं जो उनके रास्ते में आने वाले किसी भी अच्छे के लिए जीवित होते हैं, और जब यह आता है तो वे बस इसे उचित बनाते हैं, और नहीं, लगातार आगे बढ़ते हैं।

अच्छा स्वास्थ्य! जब भी आप दरवाजों से बाहर जाते हैं, ठोड़ी को अंदर खींचें, सिर के मुकुट को ऊंचा ले जाएं, और फेफड़ों को अत्यधिक भरें; धूप में पीना; एक मुस्कान के साथ अपने दोस्तों को नमस्कार करें, और आत्मा को हर हाथ-अकवार में डालें।

गलत समझे जाने से डरो मत, और कभी भी अपने दुश्मनों के बारे में सोचने में एक पल बर्बाद न करें। अपने दिमाग में दृढ़ता से तय करने की कोशिश करें कि आप क्या करना चाहते हैं, और फिर दिशा की हिंसा के बिना, आप सीधे लक्ष्य की ओर बढ़ेंगे।

डर वह चट्टान है जिस पर हम विभाजित होते हैं, और शोल से नफरत करते हैं जिस पर कई बार्क फंसे हुए हैं। जब हम भयभीत हो जाते हैं, तो निर्णय एक जहाज के कम्पास के रूप में अविश्वसनीय होता है जिसकी पकड़ लौह अयस्क से भरी होती है; जब हम नफरत करते हैं, तो हमने पतवार को अनशिप किया है; और अगर कभी हम क्या गपशप कहते हैं पर ध्यान करने के लिए बंद करो, हम एक hawser पेंच बेईमानी की अनुमति दी है.

अपने दिमाग को उस शानदार चीज पर रखें जिसे आप करना चाहते हैं; और फिर, जैसा कि दिन ग्लाइडिंग करते हैं, आप अपने आप को अनजाने में उन अवसरों को जब्त करते हुए पाएंगे जो आपकी इच्छा की पूर्ति के लिए आवश्यक हैं, जैसे कि कोरल कीट चल रहे ज्वार से उन तत्वों को लेता है जिनकी इसे आवश्यकता होती है। अपने दिमाग में उस सक्षम, बयाना, उपयोगी व्यक्ति को चित्रित करें जिसे आप बनना चाहते हैं, और जो विचार आप पकड़ते हैं वह प्रति घंटा आपको उस विशेष व्यक्ति में बदल रहा है जिसकी आप बहुत प्रशंसा करते हैं।

विचार सर्वोच्च है, और सोचने के लिए अक्सर करने से बेहतर होता है।

एक सही मानसिक दृष्टिकोण साहस, स्पष्टता और अच्छे उत्साह के दृष्टिकोण को संरक्षित करें।

डार्विन और स्पेंसर ने हमें बताया है कि यह सृष्टि की विधि है। प्रत्येक जानवर ने उन हिस्सों को विकसित किया है जिनकी उसे आवश्यकता और वांछित है। घोड़ा बेड़ा है क्योंकि वह बनना चाहता है; पक्षी उड़ता है क्योंकि यह चाहता है; बतख एक वेब पैर है क्योंकि यह तैरना चाहता है. सभी चीजें इच्छा के माध्यम से आती हैं और हर ईमानदार प्रार्थना का जवाब दिया जाता है। हम ऐसे हो जाते हैं जिस पर हमारा दिल टिका होता है।

बहुत से लोग इसे जानते हैं, लेकिन वे इसे पूरी तरह से नहीं जानते हैं कि यह उनके जीवन को आकार देता है। हम दोस्त चाहते हैं, इसलिए हम योजना बनाते हैं और पीछा करते हैं 'मजबूत लोगों के बाद बहुत कुछ पार करते हैं, और अच्छे लोगों या कथित अच्छे लोगों के लिए इंतजार

करते हैं जो खुद को उनके साथ संलग्न करने में सक्षम होने की उम्मीद करते हैं। दोस्तों को सुरक्षित करने का एकमात्र तरीका एक होना है। और इससे पहले कि आप दोस्ती के लिए फिट हों, आपको इसके बिना करने में सक्षम होना चाहिए। कहने का तात्पर्य यह है कि आपके पास खुद की देखभाल करने के लिए पर्याप्त आत्मनिर्भरता होनी चाहिए, और फिर अपनी ऊर्जा के अधिशेष से, आप दूसरों के लिए कर सकते हैं।

वह व्यक्ति जो दोस्ती चाहता है, और फिर भी एक आत्म-केंद्रित भावना की अधिक इच्छा रखता है, वह कभी भी दोस्तों के लिए कमी नहीं करेगा।

यदि आपके पास दोस्त हैं, तो समाज के बजाय एकांत की खेती करें। ओजोन में पीना; धूप में स्नान; और सितारों के नीचे, चुप रात में, अपने आप से बार-बार कहें, "मैं अपनी सभी आंखों का एक हिस्सा हूं! और तब यह भावना तुम्हारे मन में आएगी कि तुम पृथ्वी और स्वर्ग के बीच केवल एक-दूसरे के लिए नहीं हो, बल्कि तुम पूरे का एक आवश्यक हिस्सा हो। कोई नुकसान आप के लिए नहीं आ सकता है जो सभी के लिए नहीं आता है, और यदि आप नीचे जाना होगा, तो यह केवल दुनिया के मलबे के बीच हो सकता है।

पुराने अय्यूब की तरह, जिसे हम डरते हैं, वह निश्चित रूप से हम पर आएगा। एक गलत मानसिक रवैये से, हमने घटनाओं की एक ट्रेन को गति में सेट किया है जो आपदा में समाप्त होता है। जो लोग बीमारी से मध्य जीवन में मर जाते हैं, लगभग अपवाद के बिना, वे लोग हैं जो मृत्यु की तैयारी कर रहे हैं। तीव्र दुखद स्थिति बस मन की एक पुरानी स्थिति का परिणाम है जो घटनाओं की एक श्रृंखला की परिणति है।

चरित्र दो चीजों का परिणाम है, मानसिक दृष्टिकोण, और जिस तरह से हम अपना समय बिताते हैं। यह वही है जो हम सोचते हैं और हम क्या करते हैं जो हमें बनाते हैं कि हम क्या हैं।

ब्रह्मांड की शक्तियों पर पकड़ बनाकर, आप उनके साथ मजबूत हैं। और जब आप इसे महसूस करते हैं, तो बाकी सब कुछ आसान होता है, क्योंकि आपकी धमनियों में लाल कणिकाएं होंगी, और आपके दिल में, निर्धारित संकल्प करने और होने के लिए पैदा होता है। अपनी ठोड़ी को

अंदर ले जाएं और अपने सिर का मुकुट ऊंचा रखें। हम क्रिसली में देवता हैं।

10

एक आदमी की शक्ति

हर सफल चिंता एक-आदमी की शक्ति का परिणाम है। सहयोग, तकनीकी रूप से, एक इंद्रधनुषी सपने की बात है जो सहयोग करती है क्योंकि आदमी उन्हें बनाता है। वह उन्हें अपनी इच्छा से सीमेंट करता है।

परन्तु इस मनुष्य को ढूंढ़ो, और उसका विश्वास प्राप्त करो, और उसकी थकी हुई आँखें तुम्हारी आँखों में देखोगी, और उसके हृदय का रोना तुम्हारे कानों में गूंजेगा। "ओह, किसी के लिए मुझे इस बोझ को सहन करने में मदद करने के लिए!

फिर वह आपको क्षमता के लिए अपनी अंतहीन खोज के बारे में बताएगा, और उसकी निरंतर निराशाओं के बारे में बताएगा और किसी को उसकी मदद करके खुद की मदद करने की कोशिश करने में विफल कर देगा।

क्षमता एक रोने की जरूरत है जो समय की जरूरत है। बैंक पैसे के साथ उभड़ा हुआ है, और हर जगह काम की तलाश में पुरुष हैं। फसल पकती है। लेकिन बेरोजगारों को कप्तान बनाने और पूंजी का उपयोग करने की क्षमता में दुख की बात है कि कमी है। क्षमता के अपने आदमी पहले से ही एक जगह है. हाँ, क्षमता एक दुर्लभ लेख है।

लेकिन कुछ ऐसा है जो बहुत दुर्लभ है, कुछ बेहतर है, क्षमता की इस गुणवत्ता की तुलना में कुछ दुर्लभ है।

यह क्षमता को पहचानने की क्षमता है।

सबसे कठोर टिप्पणी जो कभी भी एक वर्ग के रूप में नियोक्ताओं के खिलाफ की जा सकती है, इस तथ्य में निहित है कि क्षमता के पुरुष आमतौर पर अपने नियोक्ता के बावजूद अपने मूल्य को दिखाने में सफल होते हैं, न कि उनकी सहायता और प्रोत्साहन के साथ।

यदि आप क्षमता के पुरुषों के जीवन को जानते हैं, तो आप जानते हैं कि उन्होंने अपनी शक्ति की खोज की, लगभग अपवाद के बिना, मौका या दुर्घटना के माध्यम से। यदि दुर्घटना नहीं हुई थी जिसने अवसर बनाया था, तो वह आदमी अज्ञात रहता और व्यावहारिक रूप से दुनिया से खो जाता। टॉम पॉटर का अनुभव, एक अस्पष्ट छोटे रास्ते स्टेशन पर टेलीग्राफ ऑपरेटर, सच्चाई को बड़ा चित्रित किया गया है। उस डरावनी रात, जब अधिकांश तार नीचे थे और एक यात्री ट्रेन पुल के माध्यम से चली गई, तो टॉम पॉटर को खुद को खोजने का अवसर मिला। उन्होंने मृतकों का प्रभार संभाला, घायलों की देखभाल की, कंपनी पर ड्राफ्ट ड्राइंग करने के पचास दावों का निपटारा किया, मलबे के अंतिम अवशेष को जला दिया, नदी में अपशिष्ट लोहे को डुबो दिया और मौके पर अधीक्षक के आगमन से पहले पुल की मरम्मत की।

"आपको यह सब करने का अधिकार किसने दिया?" अधीक्षक ने पूछा।

"कोई नहीं," टॉम ने जवाब दिया, "मैंने अधिकार ग्रहण किया।

अगले महीने टॉम पॉटर का वेतन बढ़ाया गया था, और तीन वर्षों में वह दस गुना बना रहा था, सिर्फ इसलिए कि वह अन्य पुरुषों को चीजें करने के लिए प्राप्त कर सकता था।

टॉम पॉटर की खोज के लिए एक दुर्घटना का इंतजार क्यों करें? आइए हम टॉम पॉटर के लिए जाल सेट करें, और उसके लिए इंतजार में झूठ बोलें। शायद टॉम पॉटर बस कोने के आसपास है, सड़क के पार, अगले कमरे में, या हमारी कोहनी पर। भ्रूण टॉम पॉटर्स के असंख्य खोज और विकास का इंतजार करते हैं यदि हम लेकिन उनकी तलाश करते हैं।

मैं एक ऐसे व्यक्ति को जानता हूं जो तीस साल तक जंगल और खेतों में घूमता रहा और कभी भी एक भारतीय तीर नहीं मिला। एक दिन उसने "तीर" के बारे में सोचना शुरू कर दिया, और अपने दरवाजे से बाहर निकलते हुए उसने एक को उठाया। तब से उन्होंने उनमें से एक बुशल एकत्र किया है।

मान लीजिए कि हम अक्षमता, नींद की उदासीनता और स्लिपशोड "मदद" के बारे में विलाप करना बंद कर देते हैं जो घड़ी को देखता है। ये चीजें मौजूद हैं ताकि हम इसे स्वीकार करके विषय का निपटान कर सकें, और फिर इस तथ्य पर जोर दें कि झाईंदार किसान लड़के पश्चिम और पूर्व से बाहर आते हैं और अक्सर सामने जाते हैं और चीजों को एक कुशल तरीके से करते हैं। एक नाम है जो इन सभी पच्चीस सौ वर्षों के बीत जाने के बाद प्रकाश के बीकन की तरह इतिहास में बाहर खड़ा है, सिर्फ इसलिए कि आदमी के पास क्षमता की खोज की उदात्त प्रतिभा थी। वह आदमी पेरिकल्स है। पेरिकल्स ने एथेंस बनाया।

और आज एथेंस की सड़कों की बहुत धूल को छान लिया जा रहा है और उन लोगों द्वारा बनाई गई चीजों के अवशेषों और अवशेषों की खोज की जा रही है जो क्षमता के पुरुषों द्वारा कप्तानी किए गए थे, जिन्हें पेरिकल्स द्वारा खोजा गया था।

क्षमता की खोज की इस पंक्ति में बहुत कम प्रतिस्पर्धा है। हम बैठते हैं और विलाप करते हैं क्योंकि क्षमता हमारे रास्ते में नहीं आती है। आइए हम "क्षमता" के बारे में सोचें, और संभवतः हम अपने पेडस्टल पर पेरिकल्स को झुका सकते हैं, जहां वह क्षमता को पहचानने के लिए एक सर्वोच्च प्रतिभा वाले व्यक्ति को सदियों के स्कोर से अधिक के लिए खड़ा किया गया है।

☙

11

व्यक्तिगत चुंबकत्व

आप केवल सफलता के बारे में सपना देखकर सफल होने की उम्मीद नहीं कर सकते हैं।

आप निश्चित रूप से सफलता प्राप्त नहीं कर सकते हैं यदि आप अपने करियर के माध्यम से आंख मूंदकर डुबकी लगाते हैं।

आप व्यक्तिगत चुंबकत्व के कुछ डिग्री रखने के बिना सफल नहीं हो सकते।

जब आपने इस लेख को पढ़ना शुरू किया, तो आपके पास निश्चित रूप से चुंबकीय क्षमता का एक उपाय था, या तो शारीरिक या मानसिक। यदि आपने ऊर्जावान रूप से इसकी दिशाओं का पालन किया है, तो आपने दोनों किस्मों को विकसित किया है; लेकिन, इसके ऊपर, आपने उन्हें एक जीवित पूरे, चुंबकीय व्यक्तित्व में भी जोड़ा है।

इस परिणाम के लिए कम से कम एक वर्ष के निरंतर प्रयास की आवश्यकता है। यदि आप कम समय में इस बिंदु पर पहुंचे हैं, तो आपको वापस जाना चाहिए और शुरू करना चाहिए जहां जल्दबाजी ने पहली बार आपकी प्रगति को धीमा कर दिया था।

चुंबकत्व प्राकृतिक विकास है

इससे कोई फर्क नहीं पड़ता कि पुस्तकों को पढ़ने और समझने की आपकी क्षमता कितनी महान हो सकती है, उस विकास, उस कानून के लिए समय के साथ-साथ बुद्धिमान प्रयास की आवश्यकता होती है। कोई फर्क नहीं पड़ता कि इस तरह के संबंध में आपकी क्षमता कितनी खराब हो सकती है, यह विकास निश्चित है यदि आप इसके अधिग्रहण में उचित समय और वास्तविक प्रयास करते हैं।

कैलिफ़ोर्निया के विशाल पेड़ एक बार पुण्य पौधे थे। समय की धीमी गति से चूक ने प्रकृति को अपने शक्तिशाली दिलों में खींच लिया है। चुंबकत्व को केवल एक लेख के पढ़ने से, या इसकी दिशाओं के जल्दबाजी के अभ्यास से प्राप्त नहीं किया जा सकता है, पश्चिम के इन दिग्गजों को उत्तरी गर्मियों की हॉट-हाउस संस्कृति में उत्पादित किया जा सकता है।

चुंबकीय विकास स्वाभाविक रूप से धीमा है। इसके सिद्धांतों, इसके तरीकों और इसके अध्ययन के परिणामों को उद्देश्य जीवन में चुंबकत्व की प्रतिक्रिया प्राप्त करने से पहले व्यक्तिपरक स्वयं द्वारा गहराई से डुबोया और अवशोषित और आत्मसात किया जाना चाहिए। यदि आपने इन पंक्तियों को सही ढंग से पढ़ा है, तो आपने सीखा है कि चुंबकीय विकास को जल्दी नहीं किया जा सकता है। इन बयानों को यहां रखा गया है क्योंकि, अगर वे हमारे काम की शुरुआत में दिखाई देते, तो दृष्टिकोण शायद, हतोत्साहित करने वाला लग रहा था, लेकिन विशेष रूप से क्योंकि उन्हें समझा नहीं गया होगा। अब आप उन्हें समझते हैं क्योंकि आपने मेहनत की है, और आप इस तरह के संभावित निराशा पर मुस्कुराने का जोखिम उठा सकते हैं। आपने चुंबकीय शक्ति के लिए एक आसान कीमत का भुगतान किया है, लाभ के लिए दर्द को छूट देता है।

चुंबकत्व और व्यावहारिक जीवन

इन सुझावों के वफादार पालन ने कब्जे वाले समय के दौरान कई आश्चर्य विकसित किए हैं। चुंबकत्व के विकास में मानसिक क्षेत्र पर

विचार की तीव्र और निरंतर एकाग्रता शामिल है, और आपको संभवतः उस खतरे से बचाने के लिए आवश्यक लग सकता है। इतनी रखवाली करने की विधि संक्षेप में नीचे इंगित की गई है।

चुंबकत्व का एकमात्र मूल्य रोजमर्रा के मामलों के लिए इसके व्यावहारिक अनुप्रयोग में शामिल है। सफलता-चुंबकत्व केवल एक उपलब्धि नहीं है; यह एक व्यावहारिक शक्ति है। जब सही ढंग से विकसित और उपयोग किया जाता है, तो यह उद्देश्य के ठोस काम में व्यक्तिपरक स्वयं को नियंत्रित करता है। जिस लक्ष्य की आप तलाश कर रहे हैं, उसकी परिभाषा अब दिखाई देती है:

सफलता-चुंबकत्व व्यक्तिगत चुंबकत्व है जो बुद्धिमानी से वास्तविक जीवन में गुणा किया जाता है।

मनुष्य का पहला कर्तव्य व्यावहारिक विवेक है।

12

भौतिक स्वर

"स्वस्थ शरीर में, हर कोशिका को केंद्रीय इच्छा के अधीनता में ध्रुवीकृत किया जाता है। इसलिए, सही स्वास्थ्य व्यवस्थित आज्ञाकारिता, सरकार और सद्भाव है। प्रत्येक कोशिका एक जीवित इकाई है, चाहे वह सब्जी या पशु शक्ति की हो और जहां भी बीमारी हो, वहां विघटन, त्रुटि, विद्रोह और अवज्ञा होती है; और भ्रम की सीट जितनी गहरी होगी, बीमारी उतनी ही खतरनाक होगी और इसे शांत करना उतना ही कठिन होगा" जे.सी. स्ट्रीट।

उपर्युक्त उद्धरण के विचार का मतलब यह नहीं है कि अवज्ञा रोगग्रस्त व्यक्ति के लिए आवश्यक रूप से जागरूक है, लेकिन यह निश्चित रूप से उसके जीवन के भौतिक क्षेत्र के भीतर प्राप्त होता है। क्योंकि यह उनकी जानबूझकर पसंद का परिणाम नहीं है, यह मामला चीजों की तरह निराशाजनक नहीं है, लेकिन बेहतर परिस्थितियों के लिए खुला है। गहरा आत्म जिसने शारीरिक कल्याण के कानूनों के खिलाफ कोई विद्रोह नहीं किया है, अब स्पष्ट रूप से सद्भाव का इरादा कर सकता है, और इसलिए शरीर को एक उच्च विमान में उठा सकता है।

और उद्धरण में अंतिम वाक्य का मतलब यह नहीं है कि आपको कड़ी मेहनत की एक बड़ी मात्रा में करना है, यह मानते हुए कि आप सही शारीरिक स्थिति में नहीं हैं। आप, बल्कि, बस शुरू करने के लिए हैं और

केंद्रीय इच्छा के साथ सद्भाव में अपने आप को एक वास्तविक तरीके से सोचने के लिए आगे बढ़ते हैं, जो कि हमारा सफेद जीवन है, और गहरे आत्म में दृढ़ता से विचारों, पुष्टि और शानदार व्यक्तिगत टोन की प्राप्ति को पकड़ने के लिए।

इन शक्तिशाली शब्दों के कुछ अर्थ बाद में सामने आएंगे, इस बीच, जैसा कि सभी चीजें कानून के अधीन हैं, आइए हम तीन गुना स्वास्थ्य के लिए कई सामान्य स्थितियों का निरीक्षण करें, शरीर, मन और आंतरिक स्वयं के बारे में, वातावरण के रूप में उनकी समग्रता के बारे में, इसलिए बोलने के लिए, जिसमें साहस सबसे आसानी से और पूरी तरह से पनपता है।

मनुष्य में भय बार-बार सुझाव का परिणाम है, जिसके लिए कम स्वास्थ्य स्वर एक प्राकृतिक निमंत्रण है। स्वास्थ्य डर के खिलाफ प्राथमिक टॉनिक है। पूर्ण शारीरिक स्वास्थ्य केवल ताकत है। सही मानसिक स्वास्थ्य केवल मस्तिष्क विवेक है। सही आत्मा स्वास्थ्य अपने सबसे अच्छे रूप में आदमी के पूरे है। जब शरीर उत्साही होता है, मन स्पष्ट और प्रेरित होता है, तो आत्मा ब्रह्मांड में सभी अस्तित्व के साथ हार्मोनिक होती है, फिर डर का आवेग आसानी से महारत हासिल कर लेता है और डर की आदत को कोई प्रोत्साहन नहीं मिलता है। वास्तव में, साहसी अमान्य हैं जो सही विचार के रहस्य में नहीं आए हैं, जहां तक स्वास्थ्य का संबंध है, एथलीटों और विद्वानों से डरते हैं जिन्होंने साहस के रहस्य की उपेक्षा की है, और तिरछे संत जो खुद को अच्छाई के आत्मविश्वास के अधिकार में रखने में विफल रहे हैं। फिर भी, अनन्त कानून स्पष्ट है कि डर का एक बड़ा दुश्मन उत्साही शरीर में हार्मोनिक मन में सफेद जीवन है।

एक व्यक्ति जो इन स्थितियों की पुष्टि करता है और महसूस करता है, उसे चीजों की तरह, सही स्वास्थ्य के अधिकारी होना चाहिए। इस तरह के स्वास्थ्य के स्वर में, साहस अपरिहार्य है।

कि आप इस आदर्श पर आ सकते हैं, आपको निम्नलिखित निर्देशों का पालन करने के लिए आमंत्रित किया जाता है। स्वास्थ्य एक ट्रिनिटी है, और हम अपने अध्ययन को इसके प्राकृतिक आधार के साथ शुरू कर

सकते हैं:

स्वास्थ्य का सामान्य स्वर

शब्द "टोन" का अर्थ है, "मात्रा, गुणवत्ता, अवधि और पिच के बारे में ध्वनि," फिर, "एक आवाज या उपकरण के रूप में अजीब विशेषता ध्वनि," फिर, "विशेषता शैली या प्रवृत्ति, उद्देश्य या चरित्र, अवधि, तनाव, आत्मा को पूर्वनिर्धारित करना।"

इसलिए, स्वास्थ्य के अर्थ में, स्वर "शरीर के ऊतकों के लिए उचित तनाव या दृढ़ता की स्थिति" को दर्शाता है; वह अवस्था जिसमें सभी भागों और अंगों में तनाव होता है या वे अच्छी तरह से परेशान होते हैं; अंगों की ताकत और गतिविधि जिस पर स्वस्थ कार्य निर्भर करते हैं; शरीर की वह अवस्था जिसमें सभी सामान्य कार्य स्वस्थ उत्साह के साथ किए जाते हैं"।

इस प्रकार हम देखते हैं कि स्वास्थ्य टोन में पूरे व्यक्तित्व, शारीरिक, मानसिक और नैतिक शामिल हैं।

लेकिन इस मामले की सच्चाई केवल भौतिक मांस या अंग की तुलना में एक गहरे क्षेत्र में छिपी हुई है। मामला सार्वभौमिक ईथर का एक रूप है, जहां तक विज्ञान घोषित करने के लिए लगता है, या, कम से कम, पदार्थ कंपन की स्थिति में ईथर का अनुमान लगाता है। आपका शरीर एक "क्षेत्र" है जिसमें ईथरिक कंपन लगातार हो रहे हैं। इसकी सभी वास्तविकता और इसकी सभी गतिविधियों में इस तरह के कंपन शामिल हैं। मस्तिष्क, जिसे सचेत जीवन, विचार और भावना और पूरे तंत्रिका तंत्र के अंग के रूप में माना जाता है, में इस तरह के कंपन शामिल होते हैं। और जैसा कि आपके विचार और भावना आपके नैतिक चरित्र की नींव का गठन करते हैं, उत्तरार्द्ध भी ईथर में आंदोलनों का मामला बन जाता है।

गर्मी, प्रकाश, बिजली, आदि के मामले में, इस तरह के कंपन के विभिन्न प्रकार घटनाओं के प्रकार निर्धारित करते हैं। .

हम कह सकते हैं, तो, कि पदार्थ के लिए एक सामान्य प्रकार का ईथर-आंदोलन है, दूसरा विचार और भावना के लिए, और दूसरा नैतिक जीवन के लिए। हालांकि, प्रत्येक व्यक्ति इन सामान्य प्रकार के कंपनों की विविधताओं को प्रस्तुत करता है, उसके शरीर, उसके मानसिक व्यक्ति और उसके सही या गलत आत्म-आत्मा के लिए एक विशेष भिन्नता। हम ईथर को अलग-अलग करते हैं, या, हम ईथर का उपयोग करते हुए व्यक्तिगत हैं।

किसी व्यक्ति के स्वास्थ्य का स्वर स्वयं की विशेषता वाले ईथरिक आंदोलनों की स्थिति से निर्धारित होता है।

यदि शरीर के जीवन में अंतर्निहित कंपन किसी व्यक्ति के चरित्र के अनुसार पूर्ण और सामंजस्यपूर्ण हैं, तो उसके अंग सभी ध्वनि और सक्रिय हैं। उसके पास एक भौतिक स्वर है। यदि उसके मानसिक जीवन के भीतर एक समान पूर्णता और सद्भाव है, तो उसे मन के स्वास्थ्य का प्रदर्शन करना चाहिए। यदि नैतिक व्यक्तित्व में एक संबंधित स्थिति प्राप्त होती है, तो गहरे आत्म का उच्चतम स्वास्थ्य प्रबल होता है।

13

बुढ़ापे की तैयारी

सुकरात को एक बार एक छात्र द्वारा पूछा गया था, यह सवाल: "जब हम एलिसियम तक पहुंचेंगे तो हम किस तरह के लोग होंगे?

और जवाब यह था: "हम उसी तरह के लोग होंगे जो हम यहां थे।

अगर इसके बाद कोई जीवन है, तो हम अभी इसके लिए तैयारी कर रहे हैं, जैसे कि मैं आज अपने जीवन के लिए कल की तैयारी कर रहा हूं।

मैं कल किस तरह का आदमी बनूंगा? ओह, एक ही तरह के आदमी के बारे में जो मैं अब हूं। मैं अगले महीने जिस तरह का आदमी बनूंगा, वह इस बात पर निर्भर करता है कि मैं इस महीने किस तरह का आदमी हूं।

अगर मैं आज दुखी हूं, तो यह संभावनाओं के दौर के भीतर नहीं है कि मैं कल बेहद खुश रहूंगा। स्वर्ग एक आदत है। और अगर हम स्वर्ग जा रहे हैं तो हम बेहतर होगा कि हम इसके लिए अभ्यस्त हो रहे हैं।

जीवन भविष्य के लिए एक तैयारी है, और भविष्य के लिए सबसे अच्छी तैयारी जीना है जैसे कि कोई भी नहीं था।

हम बुढ़ापे के लिए हर समय तैयारी कर रहे हैं। दो चीजें जो बुढ़ापे को सुंदर बनाती हैं, वे हैं इस्तीफा और दूसरों के अधिकारों के लिए सिर्फ विचार।

नाटक इवान में, भयानक, ब्याज एक आदमी, ज़ार इवान के आसपास केंद्रित है. अगर रिचर्ड मैन्सफील्ड के अलावा किसी ने भी

भूमिका निभाई, तो इसमें कुछ भी नहीं होगा। हम बस एक तानाशाह के जीवन में एक झलक प्राप्त करते हैं, जिसने हंसदोश, क्रोध, स्वार्थ और ग्रोच का पूरा सरगम चलाया है। संयोग से, इस आदमी के पास अन्य पुरुषों को मौत के घाट उतारने की शक्ति थी, और यह वह करता है और ऐसा करता है और किया है क्योंकि उसकी सनक और गुस्सा तय कर सकता है। वह प्रतिशोधी, क्रूर, झगड़ालू, अत्याचारी और भयानक रहा है। अब जब वह मृत्यु के दृष्टिकोण को महसूस करता है, तो वह परमेश्वर के साथ अपनी शांति बनाएगा। लेकिन उन्होंने इस मामले को बहुत लंबा समय तक टाल दिया है। उसे युवावस्था और मध्य जीवन में यह एहसास नहीं हुआ कि वह तब बुढ़ापे की तैयारी कर रहा था।

मनुष्य कारण और प्रभाव का परिणाम है, और कारण हमारे हाथों में एक हद तक हैं। जीवन तरल पदार्थ है, और अच्छी तरह से इसे जीवन की धारा कहा जाता है जिसे हम जा रहे हैं, कहीं बह रहे हैं। अपने वस्त्रों और मुकुट की पट्टी इवान, और वह एक पुराने किसान हो सकता है और Ebenezer में रहते हैं. हर शहर और गांव में अपना इवान है। एक इवान होने के लिए, बस अपने गुस्से को ढीला करें और अपनी पहुंच के भीतर किसी भी व्यक्ति या चीज पर क्रूरता का अभ्यास करें, और परिणाम एक क्वेरुलस, झगड़ालू, पिकेट, स्निपिंग, उपद्रवी और मूर्ख बुढ़ापे के लिए एक निश्चित तैयारी होगी, जो क्रोध के कई विस्फोटों के साथ उच्चारण किया जाएगा जो उनकी निरर्थकता और अप्रभावीता में भयानक हैं।

बेबीहुड का टैंट्रम पर कोई एकाधिकार नहीं है। किंग लीयर और इवान द टेरिबल के पात्रों में बहुत कुछ आम है। कोई भी लगभग विश्वास कर सकता है कि इवान के लेखक ने लीयर की अपूर्णता को महसूस किया था, और इस बूढ़े आदमी की ओर से सहानुभूति के लिए एक मेलोड्रामाटिक बोली लगाने की बेतुकीता को अपनी बेटियों द्वारा बाहर निकाल दिया गया था।

लीयर, परेशानी, लियर जिसकी लिम्बर जीभ में लगातार शब्दों को अप्रकाशित और टार के नामों से छलांग लगा रहा था, हमारे हाथों में कोई नरम दया का हकदार नहीं है। अपने पूरे जीवन में वह अपनी तीन बेटियों को ठीक उसी उपचार के लिए प्रशिक्षित कर रहा था जो उसे प्राप्त करना

था। अपने पूरे जीवन लियर चुटे है कि उसे उस काले आधी रात के तूफान में बाहर एक त्वरित सवारी देने के लिए किया गया था.

"ओह, एक सांप के दांत की तुलना में कितना तेज है, यह एक थैंकलेस बच्चा है," वह रोता है।

एक थैंकलेस बच्चे के रूप में काफी बुरा कुछ है, और यह एक थैंकलेस माता-पिता एक चिड़चिड़ा, इरेसिबल माता-पिता है, जिनके पास एक भूमिगत शब्दावली और इसका उपयोग करने का स्वभाव है।

लीयर में झूठा नोट उसे कॉर्डेलिया जैसी बेटी देने में निहित है। टॉल्स्टॉय और मैन्सफील्ड रिंग सच है, और इवान द टेरिबल वह है जो वह माफी, बहाना या स्पष्टीकरण के बिना है। इसे ले लो या इसे छोड़ दो यदि आप इस तरह के नाटकों को पसंद नहीं करते हैं, तो Vaudeville देखने के लिए जाएं।

मैन्सफील्ड का इवान भयानक है। ज़ार सत्तर से अधिक वर्षों में पुराना नहीं है, लेकिन आप देख सकते हैं कि मौत अपने ट्रैक पर करीब सूँघ रही है। इवान ने विश्राम की शक्ति खो दी है। वह सुन, वजन और तय नहीं कर सकता है कि उसके पास किसी भी आदमी या चीज के लिए कोई विचार या विचार नहीं है, यह जीवन की उसकी आदत है। उसके बोनी हाथ अभी भी उंगलियां खुली और बंद नहीं होती हैं, और हमेशा के लिए चीजों को चुनती हैं। वह अपने स्तन पर क्रॉस को झुकाता है, अपने गहने को समायोजित करता है, अपने ब्रह्मांड को खरोंचता है, शैतान का टैटू खेलता है, घबराहट से उठता है और सिंहासन के पीछे देखता है, और सुनने के लिए अपनी सांस पकड़ता है। जब लोग उसे संबोधित करते हैं, तो वह उन्हें बर्बरता से लानत करता है यदि वे घुटने टेकते हैं, और यदि वे सीधे खड़े होते हैं तो वह उन पर सम्मान की कमी का आरोप लगाता है। वह पूछता है कि वह राज्य की देखभाल से मुक्त हो जाए, और फिर डर के लिए कांपता है कि उसके लोग उसे अपने शब्द पर ले जाएंगे। जब रूस के शासक बने रहने के लिए कहा जाता है तो वह अपने पार्षदों को शाप देने के लिए आगे बढ़ता है और उन पर आरोप लगाता है कि वे उसे बोझ के साथ लोड कर रहे हैं जो वे सहन करने का प्रयास नहीं करेंगे।

वह अमोर सेनिलिस का शिकार है, और यहां अगर मैन्सफील्ड ने एक कदम और उठाया तो उसका यथार्थवाद भयावह होगा, लेकिन वह समय पर रुक जाता है और सुझाव देता है कि वह क्या व्यक्त नहीं करता है। यह डगमगाहट, डोडरिंग, स्लॉबरिंग, सूँघने वाला बूढ़ा आदमी प्यार में है वह एक युवा, सुंदर लड़की से शादी करने वाला है। वह उसके लिए गहने का चयन करता है वह इस बारे में टिप्पणी करता है कि उसकी सुंदरता क्या होगी, मजाक और फटे झूठे में हंसता है। युवाओं की पशुता में, कुछ सुखद है यह स्वाभाविक है, लेकिन एक बूढ़े आदमी के दुर्गुण, जब वे केवल मानसिक बन गए हैं, सबसे अधिक विद्रोही हैं।

इवान के बारे में लोग उसके नश्वर आतंक में हैं, क्योंकि वह अभी भी पूर्ण सम्राट है, उसके पास बढ़ावा देने या अपमान करने, अपने जीवन को लेने या उन्हें मुक्त करने की शक्ति है। वे हंसते हैं जब वह हंसता है, जब वह करता है तो रोता है, और धड़कते दिलों के साथ अपने क्षणभंगुर मूड को देखता है।

वह गहन धार्मिक है और एक पुजारी के बागे और काउल को प्रभावित करता है। उसके गले में क्रूस पर लटका हुआ है। उसे डर है कि वह स्वीकारोक्ति और दोषमुक्ति के लिए कोई अवसर नहीं होने के साथ मर जाएगा। वह हर पल उच्च स्वर्ग से प्रार्थना करता है, क्रूस को चूमता है, और उसका दांतहीन पुराना मुंह भगवान से प्रार्थना करता है और एक ही सांस में मनुष्य पर शाप देता है।

यदि कोई उससे बात कर रहा है, तो वह दूसरी तरह से देखता है, तब तक नीचे फिसल जाता है जब तक कि उसके कंधे सिंहासन पर कब्जा नहीं करते हैं, उसके पैर को खरोंचते हैं, और अपमान की एक चल रही टिप्पणी रखता है "हाँ," "ओह," "निश्चित रूप से," "ओह," "निश्चित रूप से," "उह," "अब उसे सुनो! इस सब के लिए एक कॉमेडी पक्ष है जो त्रासदी को राहत देता है और नाटक को घृणित होने से रोकता है।

इवान के अतीत की झलक उसके झटकेदार स्वीकारोक्ति में दी गई है, वह पुरुषों का सबसे दुखी है, और आप देखते हैं कि वह काट रहा है क्योंकि उसने बोया है।

जीवन भर वह इसी की तैयारी में जुटे रहे। हर दिन अगले के लिए एक तैयारी की गई है। इवान क्रोध के एक फिट में मर जाता है, अपने परिवार पर शाप फेंकता है और अदालत फिट क्रोध में मर जाती है जिसमें उसे जानबूझकर एक ऐसे व्यक्ति द्वारा ताना मारा गया है जो जानता है कि विस्फोट कमजोर सम्राट को मारने के लिए निश्चित है।

इवान भयानक कहाँ जाता है जब मौत अपनी आँखें बंद कर देती है?

मुझे नहीं पता। लेकिन यह मेरा विश्वास है: कोई भी स्वीकारोक्ति उसे दोषमुक्त नहीं कर सकती है कोई पुजारी उसे लाभ नहीं पहुंचा सकता है, कोई भगवान उसे माफ नहीं करता है। उसने खुद को शापित किया है, और उसने युवावस्था में काम शुरू कर दिया। वह इस बुढ़ापे के लिए जीवन भर तैयार हो रहा था, और यह बुढ़ापा पांचवें कार्य के लिए तैयार हो रहा था।

नाटककार ऐसा नहीं कहता है, मैन्सफील्ड ऐसा नहीं कहता है, लेकिन यह सबक है: नफरत जहर क्रोध है एक विष कामुकता मृत्यु की ओर ले जाती है स्वार्थ को पकड़ना नरक की आग की रोशनी है। यह सब कारण और प्रभाव के लिए एक तैयारी है।

यदि आप कभी भी बरी हो जाते हैं, तो आपको खुद को दोषमुक्त करना होगा, क्योंकि कोई और नहीं कर सकता। जितनी जल्दी आप शुरू करते हैं, उतना ही बेहतर होता है।

हम अक्सर बुढ़ापे की सुंदरियों के बारे में सुनते हैं, लेकिन केवल बुढ़ापा जो सुंदर है वह वह है जो आदमी लंबे समय से एक सुंदर जीवन जीकर तैयारी कर रहा है। हम में से हर कोई अभी बुढ़ापे की तैयारी कर रहा है।

अच्छी प्रकृति के लिए दुनिया में कहीं भी एक विकल्प हो सकता है, लेकिन मुझे नहीं पता कि यह कहां पाया जा सकता है।

उद्धार का रहस्य यह है: मीठा रखो।

෨෩

14

तनाव को कम करने के लिए 61 कदम

1. तनाव के वास्तविक कारण की पहचान करें।

2. तनाव पैदा करने वाली घटनाओं को ध्यान में रखा जाना चाहिए और महीने में एक बार विश्लेषण किया जाना चाहिए।

3. प्रत्येक तनावपूर्ण घटना के लिए आपकी प्रतिक्रियाओं को याद किया जाना चाहिए और एक दूसरे के साथ तुलना की जानी चाहिए।

4. एक तनावपूर्ण घटना के लिए तत्काल प्रतिक्रिया नहीं देनी चाहिए, हमेशा सोचने के लिए थोड़ा समय लें।

5. यदि कोई तनाव आता है, तो अपने भीतर के आदमी (मन) से समाधान के लिए पूछें, वह आपसे अधिक बुद्धिमान है।

6. अतीत अतीत है हमेशा भविष्य की घटनाओं पर ध्यान केंद्रित करें और साहस और इच्छाशक्ति इकट्ठा करें।

7. अपने नुकसान के बारे में परेशान होने की जरूरत नहीं है, लेकिन इसके कारण का पता लगाएं और इसे हल करने की कोशिश करें।

8. आत्मविश्वास के साथ सभी स्थितियों का सामना करें।

9. परमेश्वर पर विश्वास रखो और उसकी उपासना करो।

10. हमेशा सबसे अच्छे के लिए आशा है।

11. हमेशा एक सकारात्मक दृष्टिकोण रखें।

12. कुछ भी करने से पहले एक नकारात्मक स्थिति का सामना करने के लिए एक समाधान की योजना बनाएं।

13. केवल पैसे के लिए नहीं जीना चाहिए।

14. गरीब लोगों की मदद करो।

15. बीमार लोगों से मिलें और उन्हें नैतिक समर्थन दें।

16. जब भी आप परेशान हों, तो एक गहरी सांस लें और आराम करें।

17. यदि आप 100 से 1 तक उलटी गिनती तनावग्रस्त हैं।

18. अगर कोई तनाव आता है तो दीवार पर रखी गई सुंदर तस्वीर को देखें।

19. कमरे में कुछ फूल रखो और एक नज़र रखो।

20. नियमित रूप से साँस लेने के व्यायाम का अभ्यास करें।

21. योग और ध्यान के लिए बहुत कम समय रखें।

22. Aromatherapy मन को आराम करने के लिए अच्छा है.

23. यदि आप तनावग्रस्त हैं, तो अपने पुराने दोस्त को एक आश्चर्य कॉल करें।

24. जब आप परेशान होते हैं, तो उन लोगों के बारे में सोचें जो अधिक गंभीर समस्याओं से पीड़ित हैं।

25. अपने परिवार के साथ घनिष्ठ संपर्क रखें और उनके साथ अपनी समस्याओं को साझा करें।

26. परिवार के सदस्यों के साथ आनंद यात्राओं के लिए जाएं।

27. गतिहीन जीवन से बचें, हमेशा दूसरों के साथ घुलमिल जाएं।

28. हर तरह से वे दूसरों के पास मुस्कान के साथ आते हैं।

29. हंसना और दूसरों के साथ चुटकुले साझा करना आपको आराम देगा।

30. जब आप तनाव में होते हैं, तो अपने करीबी दोस्त या रिश्तेदार से मिलें।

31. यदि कोई तनावपूर्ण घटना आती है तो अपने अंतरंग दोस्त के साथ उस पर चर्चा करें।

32. अपने बच्चों के साथ थोड़ा समय बिताएं और उनके नाटकों में शामिल हों।

33. यदि आपको समय मिलता है तो किसी भी दिलचस्प विषय पर एक स्वस्थ चर्चा के लिए जाएं।

34. हमेशा विनम्रता से लोगों से संपर्क करें।

35. अधिकतम का प्रयास दुश्मनों को कम करने के लिए किया जाना चाहिए।

36. अपनी गतिविधियों के लिए एक दिनचर्या रखें।

37. कभी भी काम को स्थगित न करें।

38. आपके मन और शरीर को आराम देने के लिए अच्छी नींद बहुत आवश्यक है।

39. हमेशा ताजी हवा के साथ एक कमरा पसंद करते हैं।

40. सुबह जल्दी उठो।

41. जागने के बाद अपने पसंदीदा शैम्पू के साथ एक अच्छा स्नान है।

42. आप की तरह कुछ इत्र और कमरे fresheners का उपयोग करें.

43. एक आराम शरीर की मालिश है.

44. व्यक्तिगत स्वच्छता बनाए रखा जाना चाहिए।

45. आपकी स्वास्थ्य समस्याओं पर डॉक्टर के साथ चर्चा की जानी चाहिए और उनके निर्देशों का पालन करना चाहिए।

46. घर और आसपास की सफाई की आदत डालें।

47. केवल एक साथी के साथ यौन संबंध बनाए रखें।

48. सुबह और शाम की सैर विश्राम के लिए अच्छी है।

49. बाद की नींद अच्छी होती है, लेकिन खर्राटों के साथ गहरी नींद नहीं लेनी चाहिए।

50. अच्छा संगीत सुनो और अपने अंतरंग दोस्त के साथ एक फिल्म के लिए जाओ।

51. दिलचस्प किताबें पढ़ना तनाव को कम कर सकता है।

52. बागवानी आराम करने के लिए एक उपयोगी तरीका है।

53. पालतू जानवरों के साथ थोड़ा समय बिताएं।

54. कुछ खेलों में संलग्न हैं।

55. अपने शौक में संलग्न होने के लिए कुछ समय रखें।

56. जब आपको समय मिलता है, तो लेख, कविताएं और कहानियां जैसी कुछ शाब्दिक चीजें लिखें।

57. भोजन के लिए एक नियमित समय रखें।

58. बहुत सारे फल और सब्जियां लें।

59. अपना पसंदीदा भोजन तैयार करें और इसे अपने परिवार के साथ खाएं।

60. रेस्तरां से भोजन करने से आपको एक अच्छा मूड मिल सकता है।

61. अतिरिक्त पीने और धूम्रपान से बचा जाना चाहिए।

౧౨

15

आराम करो और सो जाओ

मानव शरीर के सभी हिस्से एक साथ काम करते हैं, हालांकि प्रत्येक के पास करने के लिए अपना विशेष हिस्सा है। पेट के पास भोजन के बीच आराम करने का समय होना चाहिए। शरीर के अन्य हिस्सों को भी आराम की आवश्यकता होती है। यह वे आमतौर पर तब प्राप्त करते हैं जब हम सो रहे होते हैं। हमें उपेक्षित नहीं होना चाहिए और उन्हें पर्याप्त आराम देने में विफल रहना चाहिए, या वे जल्द ही घिस जाएंगे और हमें परेशानी देंगे।

कभी-कभी, जब लोग ठीक नहीं होते हैं या सभी थक जाते हैं, तो वे पाते हैं कि वे रात में अच्छी तरह से सो नहीं सकते हैं। नींद को प्रेरित करने के लिए कई छोटी चीजें की जा सकती हैं। सेवानिवृत्त होने से पहले एक गर्म स्नान, एक कोमल मालिश के बाद, विशेष रूप से रीढ़ की हड्डी के साथ, अक्सर नसों और मांसपेशियों को आराम करके, बहुत अच्छे परिणाम उत्पन्न करेगा। एक गर्म पैर स्नान, जो रक्त को मस्तिष्क से दूर खींचता है, अक्सर फायदेमंद पाया जाएगा। गर्म दूध या कोको का एक गिलास, सेवानिवृत्त होने से ठीक पहले लिया जाता है, अक्सर एक ही प्रभाव पड़ता है। यदि अनिद्रा अपच का परिणाम है, तो एक सादा आहार इसे राहत देगा। बिना किसी तकिए के एक कठिन बिस्तर पर

सोना कभी-कभी वांछित प्रभाव पैदा करता है। कमरे में हमेशा बहुत सारी ताजी हवा रखें। दिन की देखभाल से मन को मुक्त रखें। यदि वे घुसपैठ करेंगे, तो कुछ और सुखदायक वाक्य या कविता के बिट को दोहराकर उन्हें भीड़ दें। एक अच्छी योजना यह है कि बाईं नासिका को उंगली से दबाकर बंद कर दें, फिर दाहिने नथुने के माध्यम से चार गहरी साँस लें। फिर दाएं नथुने को बंद करें और बाईं ओर से चार गहरी साँस लें। इसे लगभग चार बार दोहराएं। फिर दोनों नथुने के माध्यम से धीरे-धीरे साँस लें, लेकिन अपनी सांसों को गिनें। आप शायद ही कभी बहुत सारे गिनती करेंगे। एक चिकित्सक की सलाह के अलावा कभी भी किसी भी नींद के पाउडर या गोलियां न लें, क्योंकि उनमें आमतौर पर दवाएं होती हैं जो दिल को घायल कर देंगी।

आप पाएंगे कि आप कई पुरुषों से मिलेंगे जो नर्वस हैं, जिसका अर्थ है कि उनके पास अपनी नसों का कोई नियंत्रण नहीं है, लेकिन उन्हें उनके साथ भागने दें। कभी-कभी यह दिल की धड़कन, सिरदर्द, पीठ दर्द और कई अन्य विकारों में दिखाया जाता है। तुच्छ चीजों पर रोने की प्रवृत्ति हो सकती है, या "ब्लूज़" होने की भावना हो सकती है। कारण आमतौर पर असंगत परिवेश या व्यवसाय, दोस्तों के नुकसान, या वास्तविक या काल्पनिक परेशानियों में पाया जा सकता है। जो भी कारण हो, इसे हटा दिया जाना चाहिए, यदि संभव हो, और घिसी-पिटी नसों को बहाल करने के लिए उपाय किए गए हैं जो आराम या भोजन के लिए रो रहे हैं। टॉनिक मदद करता है और इसलिए भोजन को पोषण देता है, जैसे अंडे और दूध; भी दृश्य और व्यवसाय का एक परिवर्तन, यदि संभव हो. एक नर्वस आदमी को अक्सर यह एहसास नहीं होता है कि उसकी स्थिति का कारण क्या है और केवल लक्षणों पर विचार करता है। इसलिए जब उसे सिरदर्द होता है, तो दवा का सहारा लेता है। इन्हें लेने में वह केवल दर्द को मार रही है और कारण को दूर नहीं कर रही है, इसलिए दर्द वापस आने के लिए उत्तरदायी है।

16

अभिवादन- क्यों महत्त्वपूर्ण है?

एक फ्रांसीसी लेखक कहते हैं, अभिवादन, अच्छे प्रजनन का टचस्टोन है। परिस्थितियों के अनुसार, यह सम्मानजनक, सौहार्दपूर्ण, नागरिक, स्नेही या परिचित होना चाहिएः सिर का झुकाव, हाथ से एक इशारा, टोपी का स्पर्श या डॉफिंग।

यदि आप अपनी टोपी को हटा देते हैं, तो आपको एक ही समय में अपने शरीर के पृष्ठीय कशेरुकाओं को मोड़ने की आवश्यकता नहीं है, जब तक कि आप बहुत श्रद्धापूर्ण नहीं होना चाहते हैं, जैसा कि एक बिशप कोअभिवादन करने में है।

यदि सबसे कम रैंक का कोई व्यक्ति, या बिना किसी रैंक के, आपकी टोपी आपके लिए उतारता है, तो आपको बदले में ऐसा ही करना चाहिए। ला फोंटेन कहते हैं, एक धनुष, दृष्टि में खींचा गया एक नोट है। यदि आप इसे स्वीकार करते हैं, तो आपको पूरी राशि का भुगतान करना होगा। इंग्लैंड में दो सबसे अच्छे नस्ल के पुरुष, चार्ल्स द सेकंड और जॉर्ज द फोर्थ, कभी भी अपनी टोपी को अपने विषयों के सबसे औसत तक ले जाने में विफल नहीं हुए।

यदि आपके पास सड़क पर किसी से कहने के लिए कुछ भी है, तो आप कितने भी अंतरंग हो सकते हैं, तो उस व्यक्ति को न रोकें, लेकिन

चारों ओर मुड़ें और कंपनी में चलें; आप सड़क के अंत में छुट्टी ले सकते हैं।

अगर आपके किसी परिचित का है, जिसके साथ आपका मतभेद है, तो उसे देखने से बचें, जब तक कि चीजों की प्रकृति से झगड़ा जीवन के लिए आवश्यक न हो। ठंडे सभ्यता के साथ झुकना लगभग हमेशा बेहतर होता है, हालांकि बोलने के बिना।

अच्छी भावना और सुविधा अच्छे प्रजनन की नींव हैं, और यह निश्चित रूप से एक गुजरने वाली संतुष्टि का आनंद लेने के लिए बहुत अधिक उचित और अधिक स्वीकार्य है जब किसी भी अनुक्रमिक बुराई को एक बीमार-स्थापित गर्व द्वारा असहज होने की तुलना में पकड़ा जाना चाहिए। इसलिए, एक आसान और नागरिक बातचीत जारी रखना बेहतर है। एक नास-बॉक्स, या कुछ विनम्र आवास प्रदान किए गए, एक उद्घाटन के लिए सेवा कर सकते हैं। केवल सामान्यताओं, नाटक, सड़कों, मौसम के बारे में बात करें।

व्यक्तियों या राजनीति की बात करने से बचें, क्योंकि, यदि व्यक्ति अपने आप के विपरीत पार्टी का है, तो आप एक विवाद में शामिल होंगे: यदि वह एक ही राय रखता है, तो आप अश्लील बुद्धि की बाढ़ से अभिभूत होंगे, जो आपके दिमाग को मिट्टी दे सकता है।

17

सहानुभूति, ज्ञान और संतुलन

सहानुभूति, ज्ञान और संतुलन तीन अवयवों है जो कि कोमल आदमी बनाने में सबसे अधिक आवश्यक हैं प्रतीत होता है. मैं इन तत्वों को उनके मूल्य के अनुसार रखता हूं। कोई भी आदमी महान नहीं है जिसके पास सहानुभूति प्लस नहीं है, और पुरुषों की महानता को उनकी सहानुभूति से सुरक्षित रूप से आंका जा सकता है। सहानुभूति और कल्पना जुड़वां बहनें हैं। आपका दिल सभी पुरुषों के लिए बाहर जाना चाहिए, उच्च, निम्न, अमीर, गरीब, विद्वान, अनलर्न, अच्छे, बुरे, बुद्धिमान और मूर्ख उन सभी के साथ एक होना आवश्यक है, अन्यथा आप उन्हें कभी नहीं समझ सकते। सहानुभूति! यह हर रहस्य के लिए टचस्टोन है, सभी ज्ञान की कुंजी है, सभी दिलों के खुले तिल। अपने आप को दूसरे व्यक्ति के स्थान पर रखो और फिर आपको पता चल जाएगा कि वह कुछ चीजें क्यों सोचता है और कुछ काम करता है। अपने आप को उसकी जगह पर रखो और आपका दोष खुद को दया में भंग कर देगा, और आपके आँसू उसके कुकर्मों के रिकॉर्ड को मिटा देंगे। दुनिया के उद्धारकर्ता बस चमत्कारिक सहानुभूति वाले पुरुष रहे हैं।

लेकिन ज्ञान को सहानुभूति के साथ जाना चाहिए, अन्यथा भावनाएं मौडलिन बन जाएंगी और दया एक बच्चे के बजाय एक पूडल पर बर्बाद

हो सकती है; एक मानव आत्मा के बजाय एक क्षेत्र माउस पर। उपयोग में ज्ञान ज्ञान है, और ज्ञान का तात्पर्य मूल्य की भावना है जिसे आप एक छोटी सी चीज से एक बड़ी बात जानते हैं, एक तुच्छ से एक मूल्यवान तथ्य। त्रासदी और कॉमेडी केवल मूल्य के सवाल हैं: जीवन में थोड़ा सा मिसफिट हमें हंसाता है, और एक महान एक त्रासदी है और दुःख की अभिव्यक्ति का कारण है।

संतुलन शरीर की ताकत और मन की ताकत को अपनी सहानुभूति और अपने ज्ञान को नियंत्रित करने के लिए है। जब तक आप अपनी भावनाओं को नियंत्रित नहीं करते हैं, तब तक वे खत्म हो जाते हैं और आप मिरे में खड़े होते हैं। सहानुभूति दंगा नहीं चलाना चाहिए, या यह मूल्यहीन है और ताकत के बजाय कमजोरी को टोकन करता है। तंत्रिका विकारों के लिए हर अस्पताल में नियंत्रण के इस नुकसान के कई उदाहरण पाए जाते हैं। व्यक्ति को सहानुभूति है लेकिन पोइस नहीं है, और इसलिए उसका जीवन खुद को और दुनिया के लिए बेकार है।

वह अक्षमता का प्रतीक है और सहायकता का नहीं। संतुलन शब्दों की तुलना में आवाज में खुद को अधिक प्रकट करता है; कार्रवाई की तुलना में विचार में अधिक; जागरूक जीवन की तुलना में वातावरण में अधिक। यह एक आध्यात्मिक गुण है और इसे देखने से अधिक महसूस किया जाता है। यह शारीरिक आकार का मामला नहीं है, न ही शारीरिक दृष्टिकोण, पोशाक, या व्यक्तिगत कोमलता का मामला है: यह आंतरिक होने की स्थिति है, और अपने कारण को जानने का मामला न्यायसंगत है। और इसलिए आप देखते हैं कि यह सब के बाद एक महान और गहरा विषय है, इसके प्रभाव में महान है, हद तक असीम है, सही जीवन के पूरे विज्ञान का अर्थ है। मैं एक बार एक ऐसे व्यक्ति से मिला जो शरीर में विकृत था और एक बौने से थोड़ा अधिक था, लेकिन जिसके पास इस तरह के आध्यात्मिक गुरुत्वाकर्षण थे जैसे कि एक कमरे में प्रवेश करने के लिए जहां वह था, उसकी उपस्थिति महसूस करना और उसकी श्रेष्ठता को स्वीकार करना था। सहानुभूति को अयोग्य वस्तुओं पर खुद को बर्बाद करने की अनुमति देने के लिए किसी के जीवन बलों को कम करना है। संरक्षण के लिए ज्ञान का हिस्सा है, और रिजर्व सभी

अच्छे साहित्य में एक आवश्यक तत्व है, साथ ही साथ बाकी सब कुछ में भी।

हमारी सहानुभूति और ज्ञान का नियंत्रण होने के नाते, यह इन विशेषताओं के कब्जे का तात्पर्य है, क्योंकि सहानुभूति और ज्ञान के बिना आपके पास अपने भौतिक शरीर के अलावा नियंत्रित करने के लिए कुछ भी नहीं है। केवल एक जिमनास्टिक व्यायाम के रूप में पोइस का अभ्यास करने के लिए, या शिष्टाचार का अध्ययन करने के लिए आत्म-जागरूक, कठोर, निरर्थक और हास्यास्पद होना है। जो लोग उच्च स्वर्ग से पहले इस तरह की शानदार चालें काटते हैं क्योंकि स्वर्गदूतों को रोते हैं, वे पुरुष सहानुभूति और ज्ञान के शून्य हैं जो पोइस की खेती करने की कोशिश कर रहे हैं। उनका विज्ञान केवल एक मामला है कि हाथ और पैरों के साथ क्या करना है। संतुलन शरीर को नियंत्रित करने वाली आत्मा, हृदय को नियंत्रित करने के रवैये का सवाल है।

प्रकृति के करीब आकर ज्ञान प्राप्त करें। वह आदमी सबसे बड़ा है जो अपनी तरह की सबसे अच्छी सेवा करता है। सहानुभूति और ज्ञान उस उपयोग के लिए हैं जिसे आप प्राप्त करते हैं जिसे आप दे सकते हैं; आप जमा करते हैं जो आप प्रदान कर सकते हैं। और जैसे ही परमेश्वर ने तुम्हें सहानुभूति और ज्ञान की उत्तम आशीषें दी हैं, वैसे ही तुम्हारे पास उन्हें फिर से देकर अपनी कृतज्ञता प्रकट करने की इच्छा आ जाएगी। क्योंकि बुद्धिमान व्यक्ति जानता है कि हम केवल आध्यात्मिक गुणों को बनाए रखते हैं क्योंकि हम उन्हें दूर देते हैं। अपने प्रकाश को चमकने दें। उसे वह दिया जाएगा। ज्ञान का अभ्यास ज्ञान लाता है; और अंत में, मनुष्य के ज्ञान की असीमित मात्रा, अनंत की तुलना में, और मनुष्य की सहानुभूति की छोटीता जब उस स्रोत की तुलना में जहां से हमारा अवशोषित किया जाता है, तो एक त्याग और एक विनम्रता विकसित होगी जो एक आदर्श पोइस को उधार देगी। एक सज्जन सही सहानुभूति, ज्ञान, और संतुलन से भरपूर एक आदमी है।

18

बातचीत की कला

जिस भव्य वस्तु के लिए एक सज्जन मौजूद है, वह कंपनी में उत्कृष्टता प्राप्त करना है। बातचीत उसके भेद का मतलब है, ड्राइंग-रूम उसकी महिमा का दृश्य है।

एक कंपनी में, हालांकि कोई भी "मुक्त" नहीं है, फिर भी सभी "समान" हैं। इसलिए आप जिनसे मिलते हैं, उन्हें समान सम्मान के साथ व्यवहार किया जाना चाहिए, हालांकि ब्याज ध्यान की प्रत्येक अलग-अलग डिग्री को निर्देशित कर सकता है। आमंत्रितकर्ता के लिए अपने किसी भी मेहमान को छोड़ना अपमानजनक है। जिन्हें उसने अपने घर पर पूछकर सम्मानित किया है, आप अपने परिचित को स्वीकार करके मंज़ूरी दें।

यदि आप किसी ऐसे व्यक्ति से मिलते हैं जिसके बारे में आपने पहले कभी नहीं सुना है, तो आप उसके साथ पूरे औचित्य के साथ बातचीत कर सकते हैं। "परिचय" का रूप एक पारस्परिक मित्र के एक बयान से अधिक कुछ भी नहीं है कि दो सज्जन रैंक से हैं और शिष्टाचार एक-दूसरे के लिए परिचितों को फिट करते हैं। यह सब इस तथ्य से माना जा सकता है, कि दोनों एक सम्मानजनक घर में मिलते हैं। यह इस मामले का सिद्धांत है। कस्टम, हालांकि, आवश्यक है कि आपको नियमित रूप से इस तरह के एक को प्रस्तुत करने के लिए बाद में जल्द से जल्द अवसर लेना चाहिए।

कंपनी में महान व्यवसाय बातचीत है। इसे कला के रूप में अध्ययन किया जाना चाहिए। बातचीत में शैली उतनी ही महत्वपूर्ण और खेती करने में सक्षम है जितनी कि लेखन में शैली। चीजों को कहने का तरीका ही उन्हें उनका मूल्य देता है।

यहां सफल होने के लिए सबसे महत्वपूर्ण आवश्यकता निरंतर और अविश्वसनीय ध्यान है। चर्चिल ने मंच पर सबसे बड़े गुण के रूप में जो उल्लेख किया है, वह भी कंपनी में सबसे आवश्यक है, "हमेशा दृश्य के व्यवसाय के प्रति चौकस" होने के लिए। आपकी समझ, आपके व्यक्ति की तरह, सभी बिंदुओं पर सशस्त्र होनी चाहिए। कभी भी अपने मन के साथ समाज में मत जाओ। यह सफलता के लिए घातक है सभी अनुपस्थित या विच्छेद होने के लिए। बातचीत के रहस्य को अपने साथी की टिप्पणी पर निर्माण में शामिल करने के लिए कहा गया है। सबसे मजबूत दिमाग के पुरुष, जिनके पास एकान्त आदतें और किताबी स्वभाव हैं, शायद ही कभी स्पष्ट रूप से बातचीत में उत्कृष्टता प्राप्त करते हैं, क्योंकि वे अन्य वक्ताओं की भाषा में भाग लेने के बजाय, अमूर्त रूप से चीज पर ही, विषय को जब्त कर लेते हैं, और मौखिक सुखदता और शोधन की खेती नहीं करते हैं। वह जो अन्यथा त्वरितता के लिए प्रतिष्ठा प्राप्त करता है और यह दिखाकर प्रसन्न होता है कि उसने दूसरों के अवलोकन पर विचार किया है।

यह मानना एक त्रुटि है कि वार्तालाप में बात करना शामिल है। एक और महत्वपूर्ण बात यह है कि आप सावधानी से सुनें। मिरा ने कहा था, कि दुनिया में सफल होने के लिए, यह प्रस्तुत करने के लिए आवश्यक है कि आप कई चीजों को सिखाया जा सकता है जो आप समझते हैं, उन लोगों द्वारा जो उनके बारे में कुछ भी नहीं जानते हैं। चापलूसी सफलता के लिए सबसे आसान रास्ता है, और सबसे परिष्कृत और संतुष्टिदायक प्रशंसा जो आप भुगतान कर सकते हैं वह सुनना है। ला ब्रू कहते हैं, "बातचीत की बुद्धि दूसरों में इसे खोजने में अधिक शामिल है," फिर से, "अपने आप को बहुत कुछ दिखाने की तुलना में: वह जो आपकी बातचीत से खुद को और अपनी बुद्धि से खुश होता है, वह आपके साथ पूरी तरह से अच्छी तरह से खुश है। अधिकांश पुरुषों के बजाय आप की

प्रशंसा करने के बजाय कृपया था और कम निर्देश दिया जा करने के लिए, नहीं, खुश, अनुमोदित और सराहना की जा करने की तुलना में चाहते हैं। सबसे नाजुक खुशी दूसरे को खुश करना है।

यह निश्चित रूप से आपके गुणों के बारे में दूसरों को समझाने के लिए पर्याप्त उचित है। लेकिन उच्चतम विचार जो आप अपने प्रवेश के एक आदमी को दे सकते हैं, वह है उसके साथ पूरी तरह से प्रभावित होना।

धैर्य एक सामाजिक इंजन है। सुनने के लिए, प्रतीक्षा करने के लिए, और उसके लिए थके हुए अच्छे भाग्य के कुछ तत्व हैं।

यदि डिनर पार्टी, या छोटी शाम की पार्टी में कोई विदेशी मौजूद है, जो बोली जाने वाली भाषा को नहीं समझता है, तो अच्छे प्रजनन के लिए आवश्यक है कि बातचीत पूरी तरह से उसकी भाषा में की जानी चाहिए। यहां तक कि अपने सबसे अंतरंग दोस्तों के बीच, कभी भी किसी को भी ऐसी भाषा में संबोधित न करें जो अन्य सभी द्वारा समझ में नहीं आती है। यह फुसफुसाहट के रूप में के रूप में के रूप में बुरा है।

कभी भी कंपनी में किसी से भी एक निजी मामले के बारे में बात न करें जो दूसरों द्वारा समझा नहीं जाता है, जैसे कि यह पूछना कि यह मामला कैसे आ रहा है, और सी। ऐसा करने में आप अपनी राय को इंगित करते हैं कि बाकी डी ट्रॉप हैं। यदि आप ऐसी कोई पूछताछ करना चाहते हैं, तो हमेशा दूसरों को उस व्यवसाय को समझाएं जिसके बारे में आप पूछताछ करते हैं, यदि विषय इसे स्वीकार करता है।

यदि किसी आगंतुक के प्रवेश द्वार पर आप पहले शुरू की गई बातचीत जारी रखते हैं, तो आपको हमेशा नवागंतुक को विषय की व्याख्या करनी चाहिए।

यदि कंपनी में कोई ऐसा व्यक्ति है जिसे आप नहीं जानते हैं, तो सावधान रहें कि आप किसी भी एपिग्राम या सुखद छोटे व्यंग्य को कैसे छोड़ते हैं। आप एक ऐसे व्यक्ति के लिए धारक हो सकते हैं जिसके पिता को फांसी दे दी गई थी। एक सफल बातचीत के लिए पहली आवश्यकता अपनी कंपनी को अच्छी तरह से जानना है।

एक दयालु प्रकृति का एक और उपदेश है जिसे देखा जाना चाहिए, अर्थात्, जब आप बात करते हैं तो बहुत अच्छी तरह से बात नहीं करते

हैं। आप अपने आप को दूसरे की राय में ज्यादा नहीं उठाते हैं यदि एक ही समय में जब आप उसका मनोरंजन करते हैं, तो आप उसे सबसे अच्छे बिंदु में घायल कर देते हैं, उसका आत्म-प्रेम। परेशान घमंड के अलावा, बुद्धि का एक निरंतर प्रवाह श्रोताओं के लिए अत्यधिक चर्मन है। एक मजाकिया आदमी एक सहमत परिचित है, लेकिन एक थकाऊ दोस्त है। श्रीमती मॉंटेगु कहती हैं, "कंपनी की बुद्धि, कंपनी के बट के बगल में," इसमें सबसे मतलबी व्यक्ति है। बातचीत का महान कर्तव्य सूट का पालन करना है, जैसा कि आप सीटी पर करते हैं: यदि सबसे बड़ा हाथ हीरे के इयूस खेलता है, तो उसके अगले पड़ोसी को दिल के राजा के नीचे डैश न करें, क्योंकि उसका हाथ सम्मान से भरा हुआ है। मुझे यह देखना पसंद नहीं है कि बुद्धि का एक आदमी बातचीत में सभी चालें जीतता है।

किसी को भी संबोधित करने में, हमेशा उसे देखें; और यदि कई उपहार हैं, तो आप अपनी बातचीत के कुछ हिस्से को निर्देशित करके अधिक कृपया, एक उपाख्यान या कथन के रूप में, प्रत्येक को व्यक्तिगत रूप से बदले में। यह शेरिडन के आकर्षक तरीके का बड़ा रहस्य था। उसके बॉन-मोट्स कई नहीं थे।

बातचीत के लिए वर्तमान समाचारों और पिछले कुछ वर्षों की ऐतिहासिक घटनाओं से अच्छी तरह से परिचित होना अपरिहार्य है। इस तरह के मामलों में दुनिया के बाकी हिस्सों से काफी पीछे रहना सुविधाजनक नहीं है।

19

समाज में प्रवेश

मनभावन की इच्छा, निश्चित रूप से, सामाजिक संबंध का आधार है। जो लोग प्रभाव पैदा करने के लिए समाज में प्रवेश करते हैं, और प्रतिष्ठित होने के लिए, चाहे वे कितने भी चालाक क्यों न हों, वे कभी भी सहमत नहीं होते हैं। वे हमेशा थकाऊ होते हैं, और अक्सर हास्यास्पद होते हैं। ऐसे व्यक्ति, जो इस तरह के ढोंग के साथ जीवन में प्रवेश करते हैं, उनके पास खुद को बेहतर बनाने और अनुभव से लाभ उठाने का कोई अवसर नहीं है। वे निरीक्षण करने के लिए उचित स्थिति में नहीं हैं: वास्तव में, वे केवल उस प्रभाव की तलाश करते हैं जो वे उत्पन्न करते हैं, और इसके साथ, वे अक्सर संतुष्ट नहीं होते हैं। वे खुद को सभी वार्तालापों में धकेलते हैं, निरंतर उपाख्यानों में लिप्त होते हैं, जो केवल सुस्त बहस द्वारा भिन्न होते हैं, अधीरता और बेपरवाहता के साथ दूसरों को सुनते हैं, और नाराज होते हैं कि वे खुद को भाग ले रहे हैं। ऐसे लोग खुशी के दृश्यों के माध्यम से जाते हैं, कुछ भी आनंद नहीं लेते हैं। वे खुद के साथ और दूसरों के साथ समान रूप से असहमत हैं। इसलिए, युवा पुरुषों को प्राकृतिक होने के साथ खुद को संतुष्ट करना चाहिए। उन्हें खुद को एक मामूली आश्वासन के साथ पेश करने दें: उन्हें निरीक्षण करने, सुनने और जांच करने दें, और लंबे समय से पहले वे अपने मॉडल को प्रतिद्वंद्वी करेंगे।

गुणवत्ता जो एक युवा आदमी को सज्जनों के साथ संभोग में सबसे अधिक प्रभावित करना चाहिए, वह एक सभ्य विनम्रता है: लेकिन उसे सभी बेशर्मी या डरपोकता से बचना चाहिए। उनकी उड़ानों को बहुत दूर नहीं जाना चाहिए; लेकिन, जहां तक वे जाते हैं, उन्हें सही आश्वासन द्वारा चिह्नित किया जाना चाहिए।

उन लोगों के बीच जो आपके वरिष्ठों की तरह हैं, अत्यंत सम्मानजनक सम्मान के साथ व्यवहार करते हैं। जैसा कि वे खुद को महत्व से बाहर निकलते हुए पाते हैं, वे आसानी से थोड़े सम्मान से हल हो सकते हैं।

अब तक की सबसे महत्वपूर्ण बात यह है कि जिस पर ध्यान दिया जाना है वह है तरीके की आसानी। अनुग्रह को बाद में जोड़ा जा सकता है, या पूरी तरह से छोड़ दिया जा सकता है: यह आमतौर पर माना जाता है की तुलना में बहुत कम क्षण का है। पूर्ण औचित्य और पूरी आसानी समाज में खड़े होने के लिए पर्याप्त योग्यता है, और भेद के लिए प्रचुर मात्रा में शर्तें हैं।

सभ्यता और घुसपैठ, परिचितता और आम-जगह, सुखदता और तीक्ष्णता, प्राकृतिक और अशिष्ट, उल्लास और लापरवाही के बीच अंतर की सबसे नाजुक छाया है; इसलिए समाज की असुविधाओं, और इसके सदस्यों की गलतियों। इन भेदों को आचरण में अच्छी तरह से परिभाषित करना दुनिया के एक आदमी की महान कला है। यह जानना आसान है कि क्या करना है; कठिनाई यह जानना है कि क्या बचना है।

लंबे समय तक उपयोग एक प्रकार का नैतिक चुंबकत्व, अकेले दूसरों के साथ लगातार और लंबे समय तक जुड़ने से प्राप्त एक कुशलता उन गुणों को देती है जो हमेशा त्रुटि से एक को रखते हैं और उसे पूरी तरह से सज्जन के नाम के लिए हकदार बनाते हैं।

एक युवा व्यक्ति को पहले समाज में प्रवेश करने पर उन व्यक्तियों का चयन करना चाहिए जो अपने शिष्टाचार के औचित्य और लालित्य के लिए सबसे अधिक मनाए जाते हैं। उन्हें उनकी कंपनी को बार-बार देखना चाहिए और उनके आचरण की नकल करनी चाहिए। सभी में एक स्वभाव अंतर्निहित है, जिसे होरेस और डॉ जॉनसन द्वारा दोषों

की नकल करने के लिए देखा गया है, क्योंकि वे अधिक आसानी से देखे जाते हैं और अधिक आसानी से पालन किए जाते हैं। वहाँ भी, तरीके के कई फोबल्स और प्रभाव के कई शोधन हैं, जो एक आदमी पर सहमत बैठते हैं, जो अगर दूसरे द्वारा अपनाया जाता है तो अप्रिय हो जाएगा। निर्वासन की कुछ उत्कृष्टताएं भी हैं जो किसी अन्य के अनुरूप नहीं होंगी जिनका चरित्र अलग है। किसी भी चीज में सफल नकल के लिए, अच्छी भावना अपरिहार्य है। अपने मॉडल और अपने आप के बीच प्राकृतिक मतभेदों की सराहना करने और प्रतिलिपि में इस तरह के संशोधनों को पेश करने के लिए सही ढंग से आवश्यक है जैसा कि इसके अनुरूप हो सकता है।

कोई भी व्यक्ति कल्पना न करे कि वह आसानी से इन गुणों को प्राप्त कर लेगा जो उसे एक सज्जन का गठन करेगा। न केवल कला की उच्चतम डिग्री को लागू करना आवश्यक है, बल्कि कला को छिपाने की उस उच्च उपलब्धि को प्राप्त करने के लिए भी आवश्यक है। शांत और ऊंचा गरिमा जो उस चरित्र को चिह्नित करती है, अथक और कठिन प्रयास का परिणाम है।